Documents manquants (pages, cahiers...)

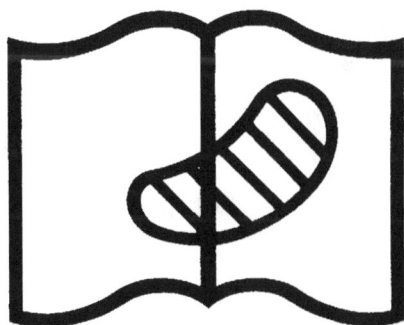

Original illisible

ESSAI

SUR LA

GÉOGRAPHIE HISTORIQUE

ET SUR LA

DÉMOGRAPHIE

DE LA PROVINCE D'ANGOUMOIS

DU XVIIe SIÈCLE AU XIXe

P. BOISSONNADE

PROFESSEUR AGRÉGÉ D'HISTOIRE AU LYCÉE D'ANGOULÊME

ESSAI

SUR LA

GÉOGRAPHIE HISTORIQUE

ET SUR LA

DÉMOGRAPHIE

DE LA PROVINCE D'ANGOUMOIS

DU XVIIe SIÈCLE AU XIXe

À ANGOULÊME

CHEZ L. COQUEMARD

Libraire de la Société archéologique et historique de la Charente
RUE DU MARCHÉ, N° 9

M DCCC XC

TIRAGE A 100 EXEMPLAIRES.

Angoulême, Imprimerie Charentaise de G. Chasseignac,
rempart Desaix, 26,

AVERTISSEMENT

—⚬⚭⚬—

L ES deux essais qui suivent sont le résultat de
recherches nombreuses et fastidieuses, soit
dans les archives départementales, soit dans un
grand nombre d'ouvrages imprimés. Ils présentent, pour la première fois, le tableau des divisions territoriales comparées de l'Angoumois au
XVIII° siècle, tableau difficile à établir à cause de
la confusion et de l'enchevêtrement de ces divisions; les lois du mouvement de la population
dans cette province pendant deux siècles sont
déduites d'une foule de documents statistiques, les
uns inédits, les autres épars dans des recueils
qu'on ne consulte guère. Dans un travail aussi
minutieux et aussi aride, on trouvera peut-être
quelques erreurs et quelques lacunes; aussi

n'avons-nous pas la prétention d'avoir fait autre chose qu'un essai qui rendra parfois service à quelques érudits, et qui contribuera à mieux faire connaître une de nos plus belles provinces françaises et une des moins connues.

LA
PROVINCE D'ANGOUMOIS
AU XVIIIe SIÈCLE

LES DIVISIONS TERRITORIALES

LA province d'Angoumois avait au XVIIIe siècle perdu, comme toutes les autres parties de la France, cette vie originale, cette indépendance politique, cette autonomie que possédaient au moyen-âge les diverses principautés féodales. Alors, du Ve au XIIIe siècle, s'était produite une transformation profonde dans les idées politiques comme dans les croyances; aux religions particularistes et locales de l'antiquité avait succédé la religion universaliste du Christ.

De même, dans l'ordre politique, à la cité antique et à son cercle étroit avait succédé la province avec sa vie plus large. De nouveaux gouvernements s'étaient établis,

Relation entre les transformations territoriales et les institutions politiques.

une nouvelle société s'organisa. A cette société nouvelle en voie d'élaboration, il avait fallu des cadres nouveaux. La province s'était alors formée. Mais depuis le XIVe siècle une idée se propageait, dont l'ancienne monarchie eut à cœur la diffusion et qu'elle fit triompher : c'était l'idée de patrie. Les nationalités s'organisèrent, et partout le gouvernement féodal fit place aux monarchies absolues.

Reprenant et poursuivant cette admirable, patiente et tenace politique des Capétiens qui a élaboré l'unité française, les Valois et les Bourbons voulurent faire disparaître sans secousses et sans heurts l'ancienne organisation féodale et les pouvoirs du passé. Ils travaillèrent à l'unification progressive de la France, et pour accroître leur autorité au moyen d'une forte centralisation, et pour résister aux redoutables coalitions de l'Europe.

Pour atteindre à ce but qu'ils poursuivaient, il fallait reléguer peu à peu dans l'oubli les traditions de l'indépendance provinciale, et la création de nouvelles circonscriptions administratives fut un des procédés dont ils se servirent. Sans supprimer les circonscriptions ecclésiastiques et féodales, les rois créèrent à côté et au-dessus d'elles des divisions nouvelles ; ils groupèrent ensemble ou bien morcelèrent, rangèrent les diocèses et les provinces dans ces divisions, afin de détruire l'esprit local, qui faisait obstacle à la fois au régime absolu et à l'unité du territoire. C'est alors que se formèrent les gouvernements, puis les généralités.

Au XVIIIe siècle, ils avaient ainsi fait de la nation française la plus unie et la plus compacte qu'il y eût en Europe. C'est alors que les derniers Bourbons auraient dû compléter ce travail d'unification en remaniant les divisions ecclésiastiques et judiciaires et en supprimant la confusion qui résultait de l'enchevêtrement des diverses circonscriptions territoriales. Mais, à cette époque, la royauté, jadis si active, qui avait su rester longtemps en communauté d'idées avec la nation, deviner ses tendances et y répondre, était tombée dans cette inertie et cet affaissement intellectuel et politique précurseurs des grandes chutes. Bien qu'elle fût autrefois comme alors un pouvoir reposant sur les traditions, elle avait su rompre avec celles qui lui paraissaient inutiles ou surannées. Elle ne l'osait plus au XVIIIe siècle; elle s'isolait de la France et avait perdu le sentiment de ses besoins.

La plupart des Français s'étonnaient à bon droit de voir persister des institutions autrefois respectées parce qu'en les attaquant on eût blessé la nation, mais qui, à la veille de la Révolution, n'avaient plus de vitalité. C'était le cas des anciennes divisions territoriales; il aurait fallu les mettre en harmonie avec les nouvelles circonscriptions. Mais la vieille monarchie ne sut pas plus exécuter cette tâche que la réforme politique et sociale, si urgente à la fin du XVIIIe siècle, et tomba pour ne l'avoir pas voulu.

D'autres reprirent après elle le travail d'unification politique et sociale qu'elle avait refusé de continuer; mais son exemple et les traditions qu'elle représentait se transmirent aux réformateurs eux-mêmes. Lorsque l'Assemblée constituante décréta la division de la France en départements, elle ne fit, par exemple, en anéantissant les divisions territoriales anciennes, qu'achever l'œuvre de la monarchie absolue. Les rois avaient depuis longtemps cherché à faire disparaître les derniers vestiges de l'autonomie provinciale en groupant les habitants de chaque province dans de nouveaux cadres administratifs. S'ils avaient laissé subsister le nom des anciennes provinces, c'était uniquement par esprit poli-

tique, par ménagement pour les susceptibilités locales
ou par impuissance à abolir tout à fait les souvenirs du
passé. Mais ils avaient imaginé de nouveaux groupe-
ments destinés à les effacer peu à peu, et ils avaient
concentré toute l'activité politique au centre du royaume.
La centralisation administrative et le morcellement des
provinces avaient amené en deux siècles la disparition
de l'esprit d'indépendance provinciale. Aussi, lorsque le
grand orateur Burke s'étonnait de l'espèce de sacrilège
que lui semblaient commettre les Constituants en supprimant les provinces, il raisonnait en Anglais à qui
la vie des comtés d'Angleterre, si active et si enracinée,
faisait illusion. Rien de pareil n'existait en France, et
les vieilles provinces n'étaient plus depuis longtemps que
des organismes privés d'existence ; il n'en subsistait
plus guère que le nom.

La division féodale,
la province,
les châtellenies. L'une de ces provinces qui avaient beaucoup perdu
aux progrès de l'autorité monarchique était celle d'An-
goumois. L'ancien comté des Taillefer et des Lusignan,
passé successivement aux mains des Capétiens et des
Valois-Orléans, suivit, depuis l'avénement de François Ier au trône (1515), le sort des autres provinces du
royaume. Ses libertés avaient disparu une à une, et la
vie locale y était à peu près éteinte au début du
XVIIIe siècle. Pour briser les résistances de l'esprit
provincial, la monarchie absolue avait confié toutes les
attributions du gouvernement aux intendants et elle
avait groupé arbitrairement les diverses parties de la
province dans les nouveaux cadres administratifs. On
n'avait conservé l'ancienne division féodale que pour
l'exercice de la justice et pour les élections des députés
aux États généraux. Aussi a-t-on oublié bien vite ce
qu'était la province avant 1789 et quelles en étaient
les limites ; il est difficile aujourd'hui de les déter-
miner. On peut cependant y parvenir en groupant les

renseignements contenus dans un assez grand nombre de documents manuscrits et imprimés (1).

La province d'Angoumois comptait de 400 à 406 communautés principales, composées parfois de plusieurs paroisses. On y distinguait le Haut-Angoumois, dont la capitale était Angoulême, le Bas-Angoumois avec Cognac, le Petit-Angoumois avec Sainte-Radégonde. Les paroisses ou enclaves formaient le ressort de la sénéchaussée et du présidial d'Angoulême, et se partageaient entre les juridictions royales (présidial d'Angoulême, siège royal de Cognac, prévôtés royales de Châteauneuf et de Bouteville) et les juridictions seigneuriales ou châtellenies. Les divisions ou circonscriptions judiciaires, sénéchaussée et châtellenies, et les circonscriptions électorales (sénéchaussée) avaient donc les mêmes limites que la province. La prévôté royale d'Angoulême, supprimée par l'édit de novembre 1738 (2), avait dans son ressort, en tout ou en partie, 23 paroisses et de plus la ville et la banlieue d'Angoulême, sauf le faubourg et la paroisse Saint-Cybard, enfin 6 enclaves.

Dans la prévôté royale de Châteauneuf étaient comprises, en totalité ou en partie, 14 paroisses; celle de Bouteville en comptait 22; le siège royal de Cognac en avait 28, plus 2 enclaves. Le ressort de la juridiction ou des châtellenies royales était, par conséquent, formé de 88 paroisses et de 8 enclaves.

(1) Étienne Souchet, *Commentaire de la coutume d'Angoumois*, t. II, p. 422. — A. Vigier. — Ch. de Chancel, *Liste des paroisses dans l'Angoumois en 1789.* — Michon, *Statistique monumentale de la Charente*, p. 43 et suivantes. — Babinet de Rencogne, *Mémoire sur l'Angoumois* par Gervais, appendice, note 13, p. 409. — *Archives de la Charente*, série C, n° 3. — Cahiers manuscrits des paroisses à la bibliothèque de la ville.

(2) Vigier de La Pile, édition Michon, p. 6. — Michon, *Statistique monumentale*, 43, 44. — *Archives de la Charente*, C, 3.

Les juridictions féodales comprenaient le reste de la province : le duché-pairie de La Rochefoucauld comptait 22 paroisses et 1 enclave; la baronnie de Saint-Claud et Négret, 2 paroisses; la baronnie de Verteuil, 10; le comté de Sansac et la baronnie de Cellefrouin, 4; la châtellenie d'Aunac, 9; la baronnie de Montignac, 21 paroisses et 4 enclaves. Le duché-pairie de La Rochefoucauld avait ainsi dans son ressort 68 paroisses et 5 enclaves, et de plus 8 paroisses et 2 enclaves qui possédaient des justices particulières (1).

Le duché-pairie de Lavalette renfermait dans sa juridiction 18 paroisses; le duché-pairie de Montausier, 9 paroisses; la principauté de Chabanais, 18 paroisses et 1 enclave; le comté de Confolens et la baronnie de La Vilatte, 13 paroisses, dont 3 pour la baronnie; le marquisat de Ruffec, 28 paroisses et 4 enclaves; la châtellenie de Nanteuil, 8 paroisses et 4 enclaves; le comté de Jarnac, 15 paroisses et 5 enclaves; le marquisat d'Aubeterre, 21 paroisses et 4 enclaves; la châtellenie de Saint-Aulaye, 3 paroisses; celle de Chaux, 5 paroisses et 1 enclave; celle de Blanzac, 27 paroisses et 4 enclaves; la châtellenie de La Rochebeaucourt, 4 paroisses et 1 enclave; la châtellenie de La Tour-Blanche, 3 paroisses; le comté de Montbron et la baronnie de Marthon, 23 paroisses et 1 enclave; la châtellenie de Loubert, 3 paroisses; la châtellenie d'Ambleville, 5 paroisses; la châtellenie de Manslé, 3 paroisses; la châtellenie de Vars, 2 paroisses; la châtellenie de Châteaurenaud, 2 paroisses; la juridiction du chapitre de Saint-Pierre d'Angoulême, 5 paroisses et 4 enclaves; la juridiction de l'abbaye de Saint-Cybard, 3 paroisses et 2 enclaves; la juridiction de l'abbaye de

(1) Michon, *Statistique monumentale*, p. 43 et suivantes. — Étienne Souchet, II, 422.

La Couronne, 2 paroisses ; la juridiction de l'abbaye de Bassac, 2 paroisses ; enfin, dans 44 paroisses ou enclaves il existait des juridictions particulières (1).

La province d'Angoumois était ainsi composée de 31 châtellenies principales : celles d'Angoulême, Bouteville, Châteauneuf, Cognac, La Rochefoucauld, Saint-Claud, Verteuil, Sansac-Cellefrouin, Aunac, Montignac, Lavalette, Montausier, Chabanais, Confolens, Ruffec, Nanteuil, Jarnac, Aubeterre, Sainte-Aulaye, Montmoreau, Chaux, Blanzac, La Rochebeaucourt, La Tour-Blanche, Montbron et Marthon, Loubert, Vibrac, Ambleville, Mansle, Vars, Châteaurenaud. A ces châtellenies il faut joindre les 4 juridictions ecclésiastiques de Saint-Pierre d'Angoulême, La Couronne, Saint-Cybard, Bassac, et 44 juridictions particulières. Mais 100 environ des paroisses comprises dans les châtellenies étaient fragmentées en deux et même en trois parties relevant de châtellenies différentes ; aussi peut-on compter dans la province 440 paroisses ou *portions de paroisses* et 47 enclaves (2). Il ne s'ensuit pas qu'il y eût en réalité 487 paroisses ; le nombre réel en était, au XVIII siècle, très inférieur à ce chiffre, 400 seulement, puisqu'elles se trouvaient souvent démembrées et réparties entre plusieurs châtellenies.

La détermination du nombre de ces paroisses ou enclaves de l'Angoumois est surtout facilitée à l'aide de la liste donnée par Chancel et complétée par comparaison avec les autres documents. Il résulte de cette comparaison des listes des paroisses ou enclaves données par Michon, Chancel et par les *Archives départe-*

(1) Michon, p. 43 et suivantes. — Soubhet, II, 422 et suivantes. — B. de Rencogne, p. 400.
(2) Voir Tableau des châtellenies, pièces justificatives.

2

mentales, que l'Angoumois était moins étendu que le
département de la Charente (1).

L'arrondissement actuel d'Angoulême s'est formé
presque intégralement de l'Angoumois : les 22 communes
des deux cantons d'Angoulême, les 17 du canton de
Saint-Amant-de-Boixe, les 20 communes du canton de
Blanzac, les 13 communes d'Hiersac, 11 sur 14 du
canton de Montbron, les 17 du canton de La Rochefoucauld, 11 sur 19 du canton de Rouillac, les 21
du canton de Lavalette appartenaient à cette province.
Le canton d'Aubeterre avec ses 13 communes, le canton de Montmoreau avec 15 communes sur 16 faisaient
aussi partie de l'Angoumois. Mais 5 communes seulement du canton actuel de Baignes (Bors, Chantillac,
Sainte-Radégonde, Le Tâtre, Touvérac), 6 du canton
de Barbezieux (Angeduc, Saint-Bonnet, Conzac, Ladiville, Saint-Palais, Vignolles), 1 du canton de Brossac
(Boisbreteau), 4 du canton de Chalais (Saint-Christophe,
Courlac, Orival, Saint-Quentin) dépendaient de cette
province.

Dans l'arrondissement actuel de Cognac, les 18 com-
munes du canton de Châteauneuf, 19 du canton de
Cognac, 13 du canton de Jarnac, 19 du canton de
Segonzac sont d'anciennes paroisses de l'Angoumois.
10 communes du canton de Confolens (Ambernac, Ansac,
Confolens, Épenède, Hiesse, Manot, Saint-Christophe,
Esse, Lesterps, Saint-Maurice), 12 du canton de Cha-
banais, 11 du canton de Saint-Claud, 13 du canton de
Montembœuf ont appartenu à la province. De même
pour 5 communes du canton d'Aigre (Bessé, Charmé,
Ébréon, Ligné, Luxé-la-Terne), pour les 24 communes

(1) Michon, loc. cit. — B. de Rencogne, loc. cit. — Chancel, l'Angoumois en 1789. — Cahiers inédits des paroisses à la bibliothèque
d'Angoulême. — Archives, C, 29, 30 et 3.

du canton de Mansle, les 19 communes du canton de Ruffec, les 20 communes du canton de Villefagnan.

Ainsi, 359 communes du département actuel de la Charente ont fait, au XVIII° siècle, partie de la province d'Angoumois (1). Il faut y ajouter 16 paroisses ou enclaves qui ont été réunies à ces communes et qui, avant 1789, formaient des communautés distinctes : c'étaient Saint-Étienne de Montignac (commune de Montignac, canton de Saint-Amant-de-Boixe), Le Tapis (commune de Montignac), Lavaure (enclave de la paroisse des Pins, commune du canton de Saint-Claud), Saint-Vincent (commune de Vitrac, canton de Montembœuf), Saint-Martin de-Bourianne (commune d'Ambernac, canton de Confolens), Grenordleau (commune et canton de Chabanais), Lézignac-sur-Goire (Saint-Maurice-des-Lions), Châteaurenaud (commune de Fontenille), Massausier (commune de Verrières, canton de Segonzac), Mirant-Saint-Antoine (commune de Vouzant, canton de Lavalette), Saint-Palais-Labattu (commune de Lignières, canton de Segonzac), Hautefaye (commune d'Édon, canton de Lavalette), Les Vestizons, Le Chambon (Saint-Maurice), La Rochebeaucourt (commune de Mouthiers, canton de Blanzac). Une partie seulement des paroisses de Vitrac et de Montembœuf dépendait aussi de l'Angoumois, mais la plus grande partie était annexée aux provinces voisines, puisque ces 2 paroisses ne nommèrent pas de délégués en 1789. Enfin, 29 à 30 paroisses ou enclaves qui appartenaient à l'Angoumois en ont été détachées en 1790 pour être rattachées aux départements voisins : c'étaient Dompierre (canton de Burie, arrondissement de Saintes (Charente-Inférieure), Burie (chef-lieu de canton, arrondissement de Saintes), Salignac (commune de Pérignac,

(1) Tableau des paroisses, pièces justificatives.

canton de Pons), Villars-les-Bois (canton de Burie), Roumette (commune de Saint-Bris-des-Bois, canton de Burie). On a rattaché au département de la Dordogne Sainte-Aulaye (arrondissement de Ribérac), Saint-Michel de Sainte-Aulaye (canton de Sainte-Aulaye), La Tour-Blanche (canton de Verteillac, arrondissement de Ribérac), Petit-Champagne (Champagne et Fontaine, canton de Verteillac), La Chapelle-Montabourlet (commune de Cercles, canton de Verteillac), Cercles (canton de Verteillac), Saint-Vincent d'Aubeterre (canton de Sainte-Aulaye). On a réuni aux Deux-Sèvres Bouin (canton de Chef-Boutonne, arrondissement de Melle), Hanc (canton de Chef-Boutonne), Pioussay (canton de Chef-Boutonne), Narsé et La Maison-Blanche-en-Loubillé (canton de Chef-Boutonne, arrondissement de Melle), Queue-d'Ajasse-en-Lorigny (commune de Lorigné, canton de Sauzé-Vaussais, arrondissement de Melle), Montalembert (canton de Sauzé-Vaussais) (1).

Parmi les autres paroisses détachées de la province, Le Vivier-Joussaud fait partie du canton d'Aulnay, arrondissement de Saint-Jean-d'Angély; Vanzac, du canton de Montendre (Jonzac), de même que Bran; Mortiers, du canton de Jonzac; Mérignac-le-Pin, du canton de Montlieu (Jonzac), ainsi que Puychebrun; Rouillac, du canton de Montlieu. Chaux (commune de Chevanceau) et Chevanceau (canton de Montlieu, arrondissement de Jonzac) appartiennent aussi à la Charente-Inférieure. Enfin, au canton de Sainte-Aulaye (Dordogne) se rattachent Chenaux et Puymangon (2).

En résumé, de la comparaison des divers documents contenus aux archives de la Charente (C, 3 et 30) et des tableaux très embrouillés donnés par Michon,

(1) Pièces justificatives, Tableau des paroisses ou enclaves de l'Angoumois.
(2) Ibid., n° 1, Liste des paroisses et enclaves de l'Angoumois.

Babinet de Rencogne et Ch. de Chancel, il résulte que l'Angoumois renfermait, au XVIIIe siècle, 361 paroisses qui, en 1790, ont été transformées en communes, mais dont quelques-unes ont été supprimées dans le courant du XIXe siècle (Roufflac de Blanzac, Saint-Paul, Le Temple, Rouillac, Beaulieu, Cloulas, La Menècle, Saint-Martial d'Aubeterre, Conzac, Peudry, Saint-Surin, Crouin, Saint-Martin, Saint-Trojan, La Magdeleine, La Pallue, Sonneville de Segonzac, Laplaud, Châtelars, Fleurignac). De plus, la province contenait 29 à 30 paroisses ou enclaves qui ont été réunies aux départements voisins, 16 paroisses ou enclaves réunies aux communes formées en 1790 dans la Charente; enfin, 47 enclaves, paroisses ou portions de paroisses qui ne déléguèrent pas aux assemblées électorales de 1789 et qui ont été rattachées aux nouvelles divisions territoriales introduites par la Constituante. Au total, si l'on fait abstraction de ces 47 enclaves peu importantes, on voit que l'Angoumois était formé, au XVIIIe siècle, de 404 paroisses ou enclaves principales, dont 359 seulement sont devenues des communes en 1790.

Les provinces voisines, Saintonge, Poitou, Limousin, Périgord, ont fourni les autres communes qui ont contribué à la formation du département de la Charente : 1 paroisse du canton de Blanzac, 4 du canton de Baignes, 14 du canton de Barbezieux, 12 du canton de Brossac, 12 du canton de Chalais, 1 du canton de Montmoreau (Poullignac), 1 du canton de Jarnac (Julienne) ont été détachées de la Saintonge, où Barbezieux était un marquisat et Chalais une principauté avant la Révolution. 9 communes du canton de Rouillac, 12 du canton d'Aigre, 1 du canton de Villefagnan (Courcôme), tout le canton de Champagne-Mouton, ancienne baronnie poitevine, appartenaient soit à la Saintonge, soit au Poitou. Du Poitou encore, du Limousin et beau-

coup moins du Périgord dépendaient 7 communes des
deux cantons de Confolens, 6 du canton de Saint-Claud
et 2 de Montembœuf, soit en totalité, soit en partie ;
enfin, 3 du canton de Montbron (Eymoutiers, Feuillade,
Souffrignac). On a donc ajouté à l'Angoumois 93 paroisses
pour organiser, en 1790, le département de la Charente,
mais on en a détaché 27 ; la différence en plus est de
66 communes ; d'où il résulte que la province d'Angoumois était bien moins étendue que la Charente actuelle.

Les diocèses :
archiprêtrés
et paroisses.

De même que la province reproduisait, au XVIIIe
siècle, avec ses paroisses, ses justices, ses châtellenies,
ses communautés, ses enclaves, l'infinie variété et l'étonnante complexité de l'organisation féodale, le diocèse
était le dernier vestige de la circonscription romaine
(la *civitas*). Aussi ne répondait-il pas à la division
féodale. La plus grande partie de l'Angoumois appartenait, il est vrai, au diocèse d'Angoulême, mais un grand
nombre, un tiers au moins, des communautés angoumoisines se rattachaient aux diocèses voisins de Périgueux, Saintes, Poitiers et Limoges. De même que la
sénéchaussée ou province se divisait en châtellenies, le
diocèse était divisé en archiprêtrés ; aux communautés
et aux enclaves de la province correspondait la division
ecclésiastique en prieurés-cures, cures, vicariats, cha-
pellenies, comprenant la totalité ou les diverses parties
des paroisses.

Le diocèse d'Angoulême dépendait de la métropole
de Bordeaux, et l'*Almanach royal de 1789* lui donne
206 cures, prieurés-cures et vicariats ; le pouillé de 1648
indique que son ressort était composé de 182 cures et
de 43 prieurés (1). Mais, au XVIIIe siècle, plusieurs
annexes, telles que Ruelle et Brie (annexes de Magnac

(1) *Almanach royal de 1789.* — Babinet de Rencogne, Tableau des
cures et prieurés du diocèse d'Angoulême, d'après le pouillé de 1648.
Note VIII du *Mémoire* de Gervais, appendice, p. 390.

et de Champniers), étaient devenues des paroisses constituées à part (1), de sorte qu'il n'y a nulle contradiction entre les chiffres indiqués, d'une part, par l'*Almanach royal*, de l'autre par le pouillé de 1648. La circonscription diocésaine d'Angoulême était divisée, au XVII⁰ siècle, en 13 archiprêtrés : Saint-Jean d'Angoulême, Saint-Genis d'Hiersac, Garat, Jauldes, Saint-Ciers, Ambérac, Pérignac, Saint-Projet, Grassac, Jurignac, Chasseneuil, Orgedeuil et Rouillac. Par ordonnance du 24 janvier 1761, l'évêque Joseph-Amédée de Broglie créa 4 nouveaux archiprêtrés à Torsac, Vars, Châteauneuf et Saint-Claud (2). Leur ressort était très inégal : les uns, comme l'archiprêtré de Saint-Ciers, comprenaient 21 paroisses ; d'autres, comme celui de Jauldes, n'en comptaient que 6 ; celui de Saint-Genis avait 7 cures ; celui de Garat, 11 ; celui d'Ambérac, 12 ; celui de Pérignac en avait 20 ; ceux de Saint-Projet, Grassac, Jurignac, Chasseneuil, Orgedeuil, Rouillac, 11, 9, 10, 12, 8, 7 paroisses (3).

Le nombre des communautés ne concordait pas, d'ailleurs, avec celui des paroisses ; ainsi, la ville ou communauté d'Angoulême renfermait 11 paroisses (non compris Saint-Yrieix) ; Blanzac, 2 (Saint-Arthémy et Saint-André) ; Montbron, 2 (Saint-Maurice et Saint-Pierre) ; La Rochefoucauld, 3 (Saint-Florent, Saint-Cybard et Saint-Pierre). Ce diocèse, avec ses 206 cures, ne comprenait en réalité, dans l'Angoumois, qu'environ 160 communautés (4), qui forment, depuis 1790, les

(1) Vigier de La Pile, p. 129 et 150.
(2) Babinet de Rencogne, p. 390, note VIII du *Mémoire* de Gervais. — Michon, *Statistique monumentale*, p. 37 et suivantes. — *Archives de la Charente*, C, 29, 30.
(3) Ordonnance de M. de Broglie, chez Robin, imprimeur, 1761, *Archives départementales*.
(4) En dehors de la province, le diocèse d'Angoulême comptait 21 paroisses.

22 communes des deux cantons d'Angoulême, 15 communes du canton de Saint-Amant-de-Boixe, 16 du canton de Blanzac, 12 du canton d'Hiersac, 10 du canton de Montbron, les 14 communes du canton de La Rochefoucauld, 5 communes seulement du canton de Rouillac (Bignac, Bonneville, Saint-Cybardeaux, Genac et Rouillac), 11 du canton de Lavalette (Beaulieu, Charmant, Chavenac, Dignac, Fouquebrune, Juillaguet, Magnac, Sers, Torsac, Villars et Vouzan), 5 du canton de Montmoreau (Courgeac, Saint-Cybard, Saint-Eutrope, Saint-Laurent, Montmoreau et Peudry, simple annexe).

Le canton de Châteauneuf appartenait à peu près par moitié aux diocèses d'Angoulême et de Saintes. Mérignac (canton de Jarnac) et Ambleville (canton de Ségonzac) étaient les deux seules paroisses de l'arrondissement de Cognac qui relevassent du diocèse d'Angoulême, abstraction faite du canton de Châteauneuf.

Dans l'arrondissement de Confolens, Chantrezac, Chasseneuil, Saint-Claud, Saint-Mary, Lussac, Mazières et Suaux (canton de Saint-Claud), Saint-Adjutory, Cherves-Châtelars, Fleurignac, Mazerolles, Taponnat (canton de Montembœuf) faisaient partie du même diocèse; Luxé (canton d'Aigre), 19 communes du canton de Mansle, c'est-à-dire la plus grande partie de ce canton, et 4 seulement du canton de Ruffec (Couture, Saint-Gourçon, Poursac, Saint-Sulpice) se rattachaient à l'archiprêtré de Saint-Ciers, subdivision de ce diocèse.

L'évêché de Saintes comprenait, après celui d'Angoulême, le plus grand nombre des communautés de l'Angoumois (1); presque tout l'arrondissement actuel de Cognac en dépendait; le canton de Cognac avec ses 19 communes, tout le canton de Jarnac, sauf Mérignac (12 communes), tout le canton de Ségonzac, sauf Amble-

(1) 99 communautés de l'Angoumois.

ville (18 communes), une partie du canton de Châteauneuf (8 communes) : Bonneuil, Graves, Malaville,
Nonaville, Saint-Preuil, Bouteville, Touzac et Viville, se
trouvaient compris, au XVIII° siècle, dans ce diocèse.
Il s'étendait aussi sur l'arrondissement actuel de Barbezieux ; les paroisses de Bors, Chantillac, Sainte-Radégonde, Le Tâtre et Touvérac (canton de Baignes), d'Angeduc, Saint-Bonnet, Conzac, La Diville, Saint-Palais
et Vignolles (Barbezieux), de Bessac, Deviat et Nonac
(Montmoreau) se trouvaient dans cette circonscription
diocésaine. Il en était de même pour Boisbreteau (Brossac) et pour un certain nombre de paroisses de l'arrondissement actuel d'Angoulême : Courbillac, Mareuil,
Plaizac, Sonneville, Le Temple, Vaux, dans le canton
de Rouillac; Échallat (canton d'Hiersac); Cressac,
Saint-Genis, Aubeville, dans le canton de Blanzac; Chebrac, Coulonges et Villejoubert, dans celui de Saint-
Amant-de-Boixe. Il faut encore y joindre les anciennes
paroisses de l'Angoumois détachées de la province en
1790, c'est-à-dire Burie, Salignac, Villars-les-Bois,
Roumette, Vanzac, Bran, Mortiers, Puychebrun, Mérignac-le-Pin, Chaux, Chevanceau, Pouillac, Dompierre.
Ces 99 paroisses ou communautés étaient comprises
dans les archiprêtrés de Chalais, Montendre, Jarnac et
Bouteville.
Le diocèse de Poitiers avait aussi conservé dans l'Angoumois un certain nombre de paroisses dépendantes,
qui font, depuis la Révolution, partie des deux arrondissements de Confolens et de Ruffec; celles d'Ambernac, Ansac, Confolens en partie, Épenède, Hiesse, dans
le canton de Confolens, appartenaient à ce diocèse.
Bessé, Charmé, Ebréon, Ligné, dans le canton d'Aigre;
Bayers, Chenommet, Chenon, Juillé, Lonnes, dans le
canton de Mansle; la plus grande partie du canton de
Ruffec, c'est-à-dire 16 communes, les 20 communes

3

du canton de Villefagnan relevaient de cette importante circonscription ecclésiastique. Elle comprenait aussi les paroisses de Bouin, Hanc, Pioussay, que la province a perdues en 1790, Narsay et Lorigné, enfin Négret, Montalembert, Saint-Martin-de-Bourianne et Les Vestizons. Les quatre archiprêtrés d'Ambernac, Bioussac, Bouin et Ruffec formaient les subdivisions du diocèse de Poitiers, dans l'Angoumois, et d'eux dépendaient environ 57 communautés.

Le diocèse de Limoges, voisin de celui de Poitiers, renfermait 1 paroisse du canton de Montbron (Rouzède), 5 du canton de Confolens (Manot, Saint-Christophe, Lesterps, Esse, Saint-Maurice), 12 du canton de Chabanais (Chabanais, Chabrat, Chassenon, Chirac, Étagnat, Exideuil, La Péruze, Pressignac, Saint-Quentin, Roumazières, Saulgond, Suris), 3 du canton de Saint-Claud (Genouillac, Laplaud, Loubert), 7 du canton de Montembœuf (Lézignac-Durand, Le Lindois, Massignac, Mouzon, Roussines, Sauvagnac et Verneuil), enfin les paroisses de Lézignac-sur-Goire, de Saint-Vincent de Montembœuf, du Chambon, de Lavaure et de Grenordleau. Ces 33 communautés faisaient partie de l'archiprêtré de Saint-Junien (1).

Le diocèse de Périgueux avait conservé, au sud de la province, une grande partie des paroisses qui composent le canton de Lavalette : Blanzaguet, Combiers, Saint-Cybard-le-Peyrat, Édon, Gardes, Gurat, Ronsenac, Rougnac, Lavalette, Vaux; les 13 communes du canton d'Aubeterre : Aubeterre, Bellon, Bonnes, Les Essards, La Menècle, Saint-Martial, Montignac, Nabinaud, Pillac, Laprade, Saint-Romain, Roufflac et Saint-Séverin, appartenaient à ce diocèse. Il en était de

---

(1) Michon, *Statistique monumentale*, p. 43 et suivantes. — *Archives*, C, 29-30, 50-51.

même pour Saint-Christophe, Courlac, Orival et Saint-Quentin (canton de Chalais), Saint-Amant de Montmoreau, Bors, Juignac, Saint-Martial, Palluaud et Salles (canton de Montmoreau), enfin pour les anciennes paroisses angoumoisines de La Tour-Blanche, Cercles, La Chapelle, Petit-Champagne, Sainte-Aulaye, Saint-Michel, Chenaux, Puymangon, Saint-Vinçent d'Aubeterre. Ces 43 communautés appartenaient aux archiprêtrés du Peyrat, Goûts et Pillac (1). Il n'y avait donc pas de concordance entre les diocèses et la province d'Angoumois, les uns représentant des divisions territoriales antérieures, celles des *civitates* de l'époque romaine, et l'autre s'étant formée au moyen-âge et restant comme un témoignage d'une époque disparue où le comté d'Angoulême et les fiefs qui en relevaient formaient un état féodal presque indépendant.

C'était précisément pour faire disparaître ces souvenirs de l'autonomie provinciale que les Valois et les Bourbons tâchèrent de démembrer l'Angoumois comme les autres provinces et de créer de nouvelles divisions territoriales. François I⁰ʳ avait commencé un premier essai de centralisation en instituant les gouvernements provinciaux; l'Angoumois et la Saintonge avaient constitué un de ces gouvernements. Mais leur importance avait beaucoup diminué au XVIIᵉ siècle, à la suite des troubles des guerres de religion et de la Fronde, où les gouverneurs avaient tenté de fonder une nouvelle féodalité hostile au pouvoir royal.

Les Valois avaient eu soin de constituer, à côté de la division administrative et politique des gouvernements, des circonscriptions financières nouvelles; l'établissement de ces divisions, qu'on appela *généralités*, parce

(1) Michon, *Statistique monumentale*, p. 43 et suivantes. — *Archives départementales*, C, 29-30, 50-51.

qu'à leur tête se trouvaient des bureaux de trésoriers
généraux et de receveurs généraux chargés de l'administration du domaine royal, de la répartition des impôts
et de leur levée, n'eut lieu que peu à peu.

A l'époque de François Ier et de Henri II, il existait
déjà 17 recettes générales, dans lesquelles, en 1551 (1),
était établi un trésorier qui avait réuni à sa charge les
fonctions de général des finances. Comme en 1577,
Henri III, à la place de ce trésorier unique, institua
une compagnie ou corps de trésoriers généraux des
finances pour exercer collectivement les attributions
auparavant dévolues à ce fonctionnaire, c'est à ce
souverain que l'on fait remonter à tort la création des
généralités. Ces circonscriptions paraissent avoir même
existé, mais d'une façon irrégulière, au XIVe et au
XVe siècle. Dans la dernière moitié du XVIe siècle, il
en existe 17 : celles d'Amiens, Bordeaux, Bourges,
Caen, Châlons, Lyon, Paris, Poitiers, Riom, Rouen,
Tours, Toulouse, Montpellier, Nantes, Dijon, Grenoble
et Aix. En 1577 est créée la généralité de Limoges;
puis, de 1577 à 1677, on institue les généralités d'Orléans, Soissons et Moulins.

A la veille de la Révolution, il y avait en France 36
généralités, y compris celle de Corse. A l'origine, ces
divisions sont uniquement destinées, comme le stipulent
les édits royaux qui successivement les créèrent, « à
faciliter la régie des finances ». Elles ne concordent pas
avec les diocèses, pas plus qu'avec les provinces; elles
renferment tantôt une partie de province, tantôt plusieurs provinces à la fois, et presque toujours des portions différentes de diocèse. C'est ainsi que dans la
généralité de Limoges se trouvent compris à peu près le
tiers de l'Angoumois et la plus grande partie des dio-

(1) Isambert, *Anciennes lois*, XIII, 237.

cèses d'Angoulême et de Limoges, avec une petite partie
de ceux de Périgueux, de Saintes et de Poitiers. Au
contraire, dès le XVI° siècle, l'élection de Cognac
dépend de la généralité de Bordeaux, ainsi que l'élection
de Saintes, tandis que celle de Saint-Jean-d'Angély est
rattachée à la généralité de Limoges (1).

La généralité de La Rochelle ne fut organisée que
plus tard, par un édit du mois d'avril 1694, aux dépens
des généralités de Bordeaux et de Limoges (2). Outre les
élections de La Rochelle et de Marennes, elle comprenait celles de Cognac, de Saintes et de Limoges. La
généralité elle-même se subdivise en élections ; le tribunal des élus institué au XIV° siècle, en 1356, a été
l'origine de cette subdivision. Ce tribunal, investi du
contentieux financier et chargé de la répartition des
impôts, a un ressort déterminé sur lequel son action
s'exerce et qui se nomme élection. Il n'y a d'abord dans
l'Angoumois qu'une élection, celle d'Angoulême, qui
fait partie de la généralité de Limoges et dont on constate l'existence dès le XVI° siècle ; les élections de
Cognac et de Confolens n'existent pas encore. C'est
seulement en 1635, par un édit du mois de mai, que
l'élection de Cognac est instituée de nouveau, car des
lettres patentes de Henri III avaient déjà créé à Cognac
un siège d'élection dès 1576 (3). L'élection de Barbezieux, à laquelle on rattacha quelques paroisses de
l'Angoumois, ne fut créée qu'en 1719, aux dépens de
l'élection de Saintes. Enfin, ce n'est qu'en 1714, au
mois d'avril, qu'un édit royal établit l'élection de Confolens ; on détache alors le chef-lieu de cette élection

(1) *Archives historiques de Saintonge*, II, 9.
(2) *Ibid.*, édit. publiée par Musset.
(3) Babinet de Rencogne, *Société archéologique et historique de la
Charente, Mémoires*, t. XIX.

avec quelques paroisses de l'Angoumois pour les unir à
la généralité de Poitiers (1).

Aucun autre changement ne fut, dès lors, apporté
jusqu'en 1789 à ces circonscriptions. Mais à partir du
ministère de Richelieu, une importante transformation
s'est accomplie. Les généralités, simples divisions financières, sont devenues les divisions politiques et administratives à la place des gouvernements. C'est surtout
sous le règne de Louis XIV que ce changement apparaît
avec netteté. Il s'est produit insensiblement lorsque,
à côté des anciens fonctionnaires chargés des finances,
de la justice, de la police, de l'administration, s'est
établi à demeure l'intendant, véritable vice-roi, délégué
dans les provinces. Alors, trésoriers de France, receveurs généraux et particuliers, agents des fermes,
magistrats des parlements, des présidiaux, des élections, des maîtrises, officiers de police et de maréchaussée n'ont plus été que les chefs de service du commissaire
départi. Tous les pouvoirs ont été confiés à l'intendant;
simple inspecteur général de l'administration et de la
justice au XVIe siècle, il est devenu, au XVIIe siècle,
le directeur de toute l'administration des généralités,
et, par une conséquence naturelle, la généralité s'est
trouvée être dès ce moment la circonscription administrative par excellence de la France sous la monarchie
absolue. Non seulement la royauté avait annulé ainsi
l'importance politique des gouverneurs et des fonctionnaires dont les charges étaient héréditaires et inamo-
vibles, comme les officiers de finance et de justice, mais
encore elle avait contribué à accroître l'unité territoriale et à faire disparaître les anciennes divisions pro-
vinciales. Beaucoup de provinces se trouvaient, en effet,
divisées, par le nouveau système administratif, entre

(1) *Archives de la Charente*, C, 106.

plusieurs généralités. Tel était notamment le cas de
l'Angoumois, dont les deux tiers appartenaient à la
généralité de Limoges, et le dernier tiers aux généralités de La Rochelle et de Poitiers.

Au-dessous de la généralité, on remarquait les circonscriptions administratives appelées élections; les
élections se subdivisaient elles-mêmes en subdélégations, et les subdélégations *en collectes* au point de vue
financier, *en communautés de paroisses* au point de vue
administratif. Le territoire de la province d'Angoumois,
partagé entre trois généralités, était aussi réparti entre
trois élections. La plus importante était celle d'Angoulême, qui appartenait à la généralité de Limoges; elle
comprenait un certain nombre de subdélégations qui
n'avaient pas toujours ni le même ressort ni le même
chef-lieu.

Au XVIIIe siècle, dans l'élection d'Angoulême se
trouvaient sept subdélégations : c'étaient celles d'Angoulême, de Montmoreau, de Lavalette, de Blanzac,
de Montausier ou Baignes, de Ruffec, de La Rochefoucauld et de Chabanais. Le siège de quelques-unes
varia: pour l'une d'elles, il paraît avoir été fixé d'abord
à Lavalette, puis à Montmoreau; de même le sub-
délégué de La Rochefoucauld réside tantôt à Chabanais, tantôt à La Rochefoucauld (1). Le ressort en est
très inégal : la subdélégation d'Angoulême s'étend sur
40 collectes, qui constituent aujourd'hui les deux cantons d'Angoulême, partie de ceux d'Hiersac, de Lavalette, de La Rochefoucauld, etc. La subdélégation de
Montmoreau renferme un nombre à peu près semblable
de collectes, comprenant la plus grande partie des
cantons de Lavalette, Montmoreau, Aubeterre, et une
portion de celui de Chalais. Dans la subdélégation de

Ruffec se trouvent comprises environ 50 collectes, qui
composent aujourd'hui tout ou partie des cantons de
Ruffec, Villefagnan, Mansle. La subdélégation de Montausier, au contraire, ne renferme que 13 collectes :
Bran, Chantillac, Chaux, Chevanceau, Le Tâtre, Mérignac, Mortiers, Pouillac, Puychebrun, Puyrigaud,
Sainte-Radégonde, Touvérac et Vanzac. Dans la subdélégation de La Rochefoucauld, on comprend de 35 à
40 collectes, qui sont actuellement comprises dans les
cantons de Montbron, La Rochefoucauld, Montembœuf,
Saint-Claud, etc. La subdélégation de Chabanais, avec
une trentaine de collectes, s'étend sur une portion du
Confolentais. Quant à la subdélégation de Blanzac,
comprenant une trentaine de collectes, aujourd'hui
comprises dans le canton de ce nom et dans les cantons
voisins, elle paraît avoir existé au début du XVIIIᵉ siècle,
mais il n'est pas sûr qu'elle eût été maintenue dans la
seconde moitié de cette période.

   L'élection de Cognac semble, de son côté, avoir été
divisée en quatre subdélégations, dont les sièges se
trouvaient à Cognac, à Jarnac, à Saint-Cybardeaux et
à Mansle, et qui comprenaient chacune un nombre de
collectes variable entre vingt et trente ; elles forment
aujourd'hui les cantons de l'arrondissement de Cognac
et les cantons de Rouillac et de Saint-Amant-de-Boixe,
arrondissement d'Angoulême. Il paraît aussi que Vars
était le siège d'une subdélégation relevant de l'élection
de Saint-Jean-d'Angély. A Confolens se trouvent une
subdélégation et une élection à la fois, toutes deux relevant de la généralité de Poitiers. Au sud, l'élection et
la subdélégation de Barbezieux renfermaient quelques
paroisses de l'Angoumois, et au nord-est, dans la généralité de Limoges, la subdélégation de Saint-Junien
s'étendait, en 1786, sur les 11 collectes de Chabrat,
Saint-Maurice-des-Lions, Lesterps, Chassenon, Étagnat,

Grenordleau, Lézignac-sur-Goire, Saulgond, Hiesse, Les Vestizons et Esse.

En résumé, si la province d'Angoumois était partagée entre trois généralités, ses paroisses l'étaient entre les élections d'Angoulême et de Cognac en grande partie, et pour une faible part entre les élections de Barbezieux, Saint-Jean-d'Angély, Niort, Confolens. La province comprenait les 7 subdélégations d'Angoulême, de Montmoreau-Lavalette, de Montausier, de Blanzac, de Ruffec, de La Rochefoucauld, de Chabanais, dans l'élection d'Angoulême ; les 4 subdélégations de Cognac, Jarnac, Saint-Cybardeaux et Mansle, dans l'élection de Cognac ; la subdélégation de Confolens, dans l'élection du même nom ; au total, 12 subdélégations. Enfin, une partie des paroisses étaient enclavées dans des subdélégations dont le chef-lieu se trouvait en dehors de la province ; ces subdélégations étaient celles de Barbezieux, Niort et Saint-Junien.

La division administrative placée au-dessous de la subdélégation et de l'élection est la collecte au point de vue financier et la communauté de paroisse au point de vue politique et administratif. La collecte est tantôt plus étendue, tantôt moins étendue que la paroisse, mais ce dernier cas est le plus fréquent. L'élection d'Angoulême comprend 272 collectes, dont l'une, Mæstric, appartient au Poitou. La plupart sont des paroisses, d'autres ne sont que des portions de paroisses. Ainsi, une partie de la paroisse de Sireuil (moitié du bourg, le clocher et le presbytère) est dans l'élection de Cognac, l'autre partie dans l'élection d'Angoulême. Une portion de la paroisse de Roullet est, de même, comprise dans l'une de ces élections, et l'autre portion dans la seconde élection (1). Un village de la paroisse

(1) Vigier, *Histoire d'Angoumois*, 151, 155.

de Saint-Saturnin (Tarsac) fait partie de l'élection de
Cognac, mais une autre enclave, détachée de la paroisse
de Champmillon, est jointe au reste de celle de Saint-
Saturnin et appartient à l'élection d'Angoulême. Deux
parties de la paroisse de Dirac forment une collecte de
l'élection d'Angoulême, sous le nom de collecte d'Hurtebise et de Combe-de-Loup; l'autre partie, collecte de
Dirac, appartient à l'élection de Saint-Jean-d'Angély.
De même, la paroisse de Coulgens est divisée en 2 collectes : l'une, collecte de Sigogne, dans l'élection de
Cognac; l'autre, collecte de Coulgens, dans l'élection
d'Angoulême.

Le plus curieux exemple de ce morcellement de la
paroisse en collectes est fourni par la paroisse de
Champniers; elle est divisée en 3 collectes : Argence,
Fontenille et Champniers. Près de là, la paroisse de
Bunzac est partagée entre 2 collectes, celles de Montgoumard et de Bunzac. C'est surtout sur les frontières ou
limites des diverses élections que ce morcellement des
paroisses en collectes est fréquent et particulièrement
remarquable. Parfois aussi, deux paroisses ou plusieurs
sont réunies ensemble et forment une seule collecte.
Ainsi, Chenaux et Puymangon, paroisses distinctes,
forment une même collecte jusqu'à la Révolution;
Maine-du-Bost et La Chapelle-Montabourlet ne forment
des collectes séparées qu'en 1763; auparavant elles sont
réunies à la collecte de Cercles; Feuillade est réunie à
Mainzac en 1763; ces deux paroisses forment depuis
lors une collecte unique; Les Vestizons et Hiesse sont
dans le même cas depuis la même année; le même fait
se remarque pour Peudry et Saint-Laurent-de-Belzagot
en 1765, pour Saint-Genis et Hiersac en 1750.

Parfois, il est vrai, ces unions et ces désunions de
paroisses et de collectes sont temporaires; en 1763,
Saint-Eutrope est réuni à Saint-Denis de Montmoreau,

mais en est séparé en 1765; de même pour La Menècle, Voulgézac, Hautefaye, Saint-Paul, Laplaud, Château-renaud, Saint-Georges, Embourie, Fleurignac, successivement réunis à Saint-Martial, Chadurie, Gardes, Vilhonneur, Loubert, Fontenille, Poursac, Theil-Rabier, Taponnat, puis désunis de ces paroisses (1). Il résultait de cet enchevêtrement des collectes et des paroisses, des subdélégations et des élections, un assez grand nombre d'anomalies. Elles se remarquaient surtout à la limite des élections. A celle, par exemple, des élections d'Angoulême et de Confolens, on voyait des paroisses, comme Négret, Pressignac, Saint-Maurice-des-Lions, etc., partagées entre l'une et l'autre de ces divisions. Il en était de même à l'extrémité des élections d'Angoulême et de Cognac pour les paroisses de Saint-Saturnin, Coulgens, Sireuil, etc.; à la limite des élections d'Angoulême et de Barbezieux pour les paroisses de Plassac, Saint-Bonnet, Vignolles.

Dès le XVIIIe siècle, on s'étonnait de ces bizarreries, préjudiciables à une bonne administration. Mais, dans l'ensemble, les cadres administratifs présentaient assez de régularité. C'est ainsi que la généralité de Limoges et l'élection d'Angoulême renfermaient toutes les communes des deux cantons d'Angoulême, sauf 2, Dirac et Saint-Estèphe; toutes celles du canton de Blanzac, sauf 1; Asnières, Douzat, Hiersac, Linars, Saint-Saturnin, une partie de Sireuil, Trois-Palis et Vindelle, dans le canton d'Hiersac; tout le canton de Montbron; tout le canton de La Rochefoucauld, sauf Jauldes; tout le canton de Lavalette, sauf Juillaguet. Toutes les communes du canton d'Aubeterre, 5 du canton de Baignes (Bors, Chantillac, Sainte-Radégonde, Le Tâtre, Touvérac), Angeduc, une partie de Saint-Bonnet et de Vignolles,

(1) *Archives départementales de la Charente.* C, 106.

Ladiville et Conzac (canton de Barbezieux), Saint-Christophe, Courlac, Orival, Saint-Quentin (canton de Chalais), tout le canton de Montmoreau, sauf Saint-Martial, étaient dans la dépendance de l'élection d'Angoulême. Cette élection s'étendait aussi sur une partie du canton de Confolens (Ambernac, Ansac, Épenède, Hiesse, Manot, Esse, Lesterps et Saint-Maurice, portion de Saint-Christophe); sur presque tous les cantons de Chabanais, de Saint-Claud, de Montemboeuf, sur 4 communes du canton d'Aigre (Bessé, Charmé, Ébréon et Ligné), sur la plus grande partie du canton de Mansle, sur la totalité des paroisses des cantons de Ruffec et Villefagnan, enfin sur la plupart des paroisses rattachées à d'autres communes ou détachées de l'Angoumois en 1789, comme Lavaure, Saint-Martin-de-Bourianne, Lézignac, Mirant, Le Chambon, Grenordleau, Châteaurenaud, Bouin, Hanc, Pioussay, La Tour-Blanche et sa châtellenie, Montausier et sa châtellenie (1).

La généralité de La Rochelle contenait un certain nombre de collectes appartenant à la province d'Angoumois; l'élection de Cognac en comptait de 121 à 130, sur un total de 138 dont elle était composée. Quelques-unes de ces collectes étaient des portions de paroisses administrées à part, par exemple Tarsac (Saint-Saturnin), Massaussier (Verrières), Le Plessis (Mareuil), Boisredon, Macqueville; parfois encore deux paroisses formaient une seule collecte pour un temps plus ou moins long, par exemple Roumette et Burie, Charmant et Juillaguet, Angeac-Charente et Saint-Amant-de-Graves. La totalité des communes des cantons de Châteauneuf, de Cognac, de Jarnac et de Segonzac formait tout autant de collectes dans cette élection. On y avait rattaché de plus Saint-Estèphe (canton d'An-

(1) Archives de la Charente, C. 122 et 29-30.

— 29 —

goulême), Saint-Amant-de-Boixe, Ambérac, Anais, Aussac, La Chapelle, Chebrac, Coulonges, Montignac, Nanclars, Tourriers, Vervant, Villejoubert, Vouharte et Xambes (canton de Saint-Amant-de-Boixe), Roufflac (Blanzac), Saint-Amant-de-Nouëre, Champmillon, Échallat, Saint-Genis, Moulidars et une partie de Sireuil (canton d'Hiersac), Jauldes (canton de La Rochefoucauld), tout le canton de Rouillac, Charmant et Juillaguet, dans le canton de Lavalette. L'élection de Cognac avait enfin dans son ressort Luxé (Aigre), Mansle, Puyréaux, Villognon (canton de Mansle), et de plus Burie, Roumette, Salignac, Villars, Saint-Étienne de Montignac, Saint-Palais-Labattut (1).

Cette circonscription, composée uniquement d'abord des châtellenies de Jarnac, Châteauneuf, Cognac, Merpins, Bouteville et Montignac, avait reçu des accroissements considérables en 1635 (2). Quant aux élections de Barbezieux et de Saint-Jean-d'Angély, elles ne contenaient qu'un très petit nombre des paroisses de la province. A l'élection de Saintes, puis à celle de Barbezieux, créée en 1719, appartenaient les collectes de Louzac et Javrezac, de Mortiers, de Saint-Bonnet, de Saint-Georges de Richemont, de Salignac, de Saint-Martial de Montmoreau, de Saint-Paul (annexe de Saint-Bonnet), de Vignolles et de Plassac; 7 de ces collectes ne comprenaient qu'une partie des paroisses du même nom. Dans l'élection de Saint-Jean-d'Angély figuraient 9 collectes de la province d'Angoumois : Beaulieu (Saint-Claud), Ventouse et Cellefrouin (Mansle), Dirac (Angoulême), Guissalle (Vindelle), Le Maine-de-Boixe et Marsac (Saint-Amant-de-Boixe), Vars (Saint-Amant) et Touvre (Angoulême) (3).

(1) *Archives historiques de Saintonge*, mémoire de Bégon, II, 148.
(2) Marvaud, *Etude sur Cognac*, II, 282.
(3) *Archives historiques de la Saintonge*, II, 148 et 129.

La généralité de Poitiers comptait une collecte de l'Angoumois dans l'élection de Niort, Queue-d'Ajasse-en-Lorigny, réunie à cette élection par arrêt du Conseil du 8 novembre 1670 (1), et une dizaine se trouvaient dans l'élection de Confolens, formée dans le courant du XVIII° siècle, en 1714. C'étaient les 3 paroisses de Confolens, Saint-Barthélemy, Saint-Maxime, Saint-Michel, et la totalité ou une partie des paroisses de La Péruze, Chassenon, Pressignac, Mazières, Négret, Saint-Christophe, Saint-Quentin, Vitrac, Montembœuf (2).

C'est cet état de choses que la Révolution modifia en instituant en 1790 les départements; on rattacha alors à l'ancienne province d'Angoumois un certain nombre de paroisses de la Saintonge, du Périgord, du Limousin et du Poitou, et on en détacha une trentaine de communautés.

La division révolutionnaire : département, districts, cantons. Le département de la Charente fut divisé en 6 districts et en 44 cantons. Le district de Ruffec renfermait 7 cantons, ceux de Ruffec, Villefagnan, Nanteuil, Aigre, Verteuil, Mansle et Marcillac. Dans le district de Confolens, il y eut 8 cantons, ceux de Confolens, Champagne, Alloue, Saint-Germain, Brigueuil, Chabanais, La Péruze et Saint-Claud. On forma 8 cantons dans le district de La Rochefoucauld, ceux de La Rochefoucauld (3), Saint-Amant-de-Boixe, Jauldes, Cellefrouin, Chasseneuil, Montembœuf, Montbron, Marthon. Le district d'Angoulême renferma 7 cantons, ceux d'Angoulême, Vars, Garat, Lavalette, Blanzac, Roullet, Hiersac. On créa 7 cantons dans le district de Barbezieux, ceux de Barbezieux, Deviat, Montmoreau, Aubeterre, Chalais, Brossac et Baignes. Le district de Cognac eut aussi

(1) *Archives départementales de la Charente*, C, 106.

(2) *Ibid.*, C, 280.

(3) *Dictionnaire géographique méthodique*, la République française en 84 départements, Paris, 1793, p. 223.

7 cantons, ceux de Cognac, Jarnac, Rouillac, Salles, Châteauneuf, Lignières, Segonzac.

Cette division fit place à son tour, en 1800, à celle des arrondissements; au lieu de 6 districts, la Charente eut 5 arrondissements; au lieu de 44 cantons, elle n'en compta plus que 28. C'est l'organisation administrative et la division territoriale qui ont duré, sans grandes modifications, depuis quatre-vingt-huit ans.

Lorsqu'elle fut substituée aux anciennes divisions, elle répondit à un besoin réel. Rien n'était plus confus, en effet, que les divisions des élections, celles des châtellenies de la province et des diocèses. Il semblait que ces circonscriptions territoriales fussent restées comme les témoins successifs des divers régimes fondés dans la France de la domination romaine, du gouvernement féodal, de la monarchie absolue. En respectant celles de ces divisions qui concernaient la justice et le culte, la royauté avait agi sagement. Mais, au XVIII⁰ siècle, les circonstances ne recommandaient plus, comme par le passé, la circonspection et la prudence, et il eût été digne du gouvernement royal de chercher à faire disparaître la confusion inévitable qui résultait de cette multiplicité des divisions territoriales. La création des généralités et des élections et le progrès de la centralisation administrative avaient mis fin aux anciennes idées d'indépendance provinciale, et sous le joug nécessaire du despotisme s'étaient produits à la fois l'anéantissement des privilèges politiques de tous les corps de l'État et l'unité territoriale. Il était réservé à la Révolution de compléter la première de ces œuvres en décrétant l'égalité civile et politique, et la seconde en modelant les divisions ecclésiastiques et judiciaires sur les divisions administratives. Ainsi fut poursuivie et menée à bonne fin la tâche glorieuse d'unification que les rois avaient entreprise et que les réformes de l'époque révolutionnaire ont achevée. Les provinces qui disparurent comme l'Angoumois en 1789 n'y ont rien perdu, car à l'étroite patrie provinciale qu'avait connue le moyen-âge se substituait la conception plus large, plus belle et plus utile de la grande patrie française.

LA POPULATION DANS L'ANGOUMOIS

AU XVIIIᵉ SIÈCLE

PLUS encore que les divisions territoriales, l'accrois- Causes générales du mouvement de la population. sement graduel de la population indiquait, au XVIIIᵉ siècle, dans les provinces, quelles transformations matérielles, économiques, sociales et politiques s'étaient accomplies depuis la fin du moyen-âge. Le progrès qui se manifestait en France par l'amélioration des terres et des procédés de culture, la facilité plus grande des transactions, la circulation plus considérable des valeurs métalliques et mobilières, le développement de l'industrie et du commerce, l'affranchissement des classes agricoles et ouvrières, le morcellement de la propriété, l'établissement d'un gouvernement protecteur et d'une administration régulière, faisaient sentir leur influence bienfaisante dans l'Angoumois comme partout ailleurs et avaient pour résultat l'augmentation croissante des habitants.

S'il est vrai, comme le prouvait l'économiste Malthus, en 1798, dans son fameux ouvrage sur le *Principe de la population*, que la race humaine s'accroît en proportion des moyens de subsistance, il n'y a rien d'étonnant à ce que, depuis le commencement du XVIIIᵉ siècle, elle ait suivi une marche progressive aussi prodigieuse. Sans doute, c'est principalement à notre

5

époque que la mise en valeur des terres incultes, la substitution des assolements aux jachères, l'emploi plus rationnel des engrais, les cultures nouvelles, celles de la betterave, de la pomme de terre, des prairies artificielles, l'élève plus répandu du bétail sont venus quadrupler la production agricole. Mais le mouvement avait déjà commencé dans les années qui suivirent la mort de Louis XIV et s'était surtout accentué depuis 1760. C'est cette régénération de notre agriculture qui a inspiré, ainsi que tout le mouvement économique de la deuxième partie du XVIII siècle, à Tocqueville une de ses études les plus attachantes.

Dans l'Angoumois, en particulier, les défrichements avaient été considérables; on avait planté dans le haut et le bas Angoumois un grand nombre de vignobles (1) qui occupaient la plupart des familles rurales et dont le produit avait « procuré l'aisance chez les gens de labeur (2) ». Les prairies artificielles ne sont guère connues que dans la seconde moitié du siècle, mais les prairies naturelles, sur les bords de la Charente et surtout dans le Confolentais, ont permis dès lors l'élève du bétail. Depuis 1780, on commence à cultiver la pomme de terre; les bois donnent un revenu assez important, parce qu'ils servent alors aux forges, aux fonderies de canons, aux vignerons et aux constructeurs de Rochefort. A côté de l'agriculture, la principale des ressources de l'Angoumois, il y a déjà quelques industries florissantes : celles de la papeterie, de la métallurgie, de la distillation des vins; les fabriques locales pour les textiles, les cuirs, etc., sont même plus importantes que de nos jours, à cause des difficultés de la circulation

(1) *Mémoires de Gervais*, p. 356.
(2) Montesquieu, *Esprit des lois*, chap. XIV, livre XXIII, observe en France que la grande quantité des vignobles y est une des grandes causes de la multitude des hommes.

commerciale. Déjà aussi les espèces métalliques sont plus abondantes, le crédit se fonde quoique péniblement, les grandes routes se construisent, le commerce s'active, surtout le commerce fluvial par la Charente, et les eaux-de-vie, les fers, les canons, le papier de l'Angoumois sont exportés vers les autres provinces françaises et même vers les pays étrangers. D'autre part, la vie matérielle s'améliore; ces améliorations se manifestent dans l'habitation, le vêtement, la nourriture; le revenu moyen s'élève, et bien que, suivant la spirituelle remarque de Voltaire, « le Français n'ait sur le sauvage qu'une supériorité, celle de posséder 40 écus (120 livres) à dépenser par an », sa condition est encore bien supérieure à celle de l'Espagnol, de l'Italien ou de l'Allemand. D'autre part, le paysan est devenu depuis le moyen-âge propriétaire; dans l'Angoumois, la propriété est même très morcelée, et avec la propriété il a acquis en même temps le goût du travail et de l'économie. Pour cultiver sa terre, il a besoin de beaucoup de bras; aussi la natalité est-elle alors très forte dans la province.

Au progrès social s'est joint le progrès politique : la police des campagnes est mieux faite sous la tutelle de la maréchaussée, l'administration plus régulière et plus sévère; les charges militaires sont peu lourdes pour la masse de la population; la sollicitude pour ses intérêts matériels et moraux plus grande avec des intendants comme Tourny, Turgot, Meulan d'Ablois. Aussi, dès qu'à la politique guerrière a succédé la politique pacifique de Fleury, puis celle de Choiseul (1763 à 1770), enfin de Louis XVI, les campagnes réparent aisément les pertes causées par l'impôt et la milice, et le mouvement ascendant de la population, un moment arrêté, reprend et s'accélère.

Mais s'il faut reconnaître dans le XVIIIᵉ siècle les débuts de l'évolution matérielle, économique, sociale,

politique qui fait la grandeur du nôtre, combien n'est-il
pas juste aussi de marquer les causes qui la retardaient!
Dans l'Angoumois, comme dans le reste de la France,
il restait encore, au siècle dernier, un grand nombre
d'obstacles qui arrêtaient l'essor de la production et,
par suite, celui de la population elle-même. Il y avait
encore une énorme différence entre la condition des
masses populaires à cette époque et la situation actuelle.
Les objets de première nécessité, le pain, la viande,
le vin, le sel, étaient bien plus chers qu'ils ne le sont
depuis la Révolution; l'hygiène mauvaise, les habi-
tations incommodes, étroites et souvent malsaines,
rendaient les épidémies plus fréquentes; l'assistance
publique, les secours médicaux étaient encore mal
assurés. Les cultures se trouvaient notablement inférieures à ce qu'elles sont devenues depuis; les céréales,
surtout le froment, couvraient à peine la moitié de la
superficie qu'elles occupent aujourd'hui; les vignes,
même après l'invasion phylloxérique, sont de nos jours
aussi nombreuses qu'au XVIIIᵉ siècle; des cultures
nouvelles, celles des prairies artificielles, de la betterave, des plantes industrielles, de la pomme de terre,
n'avaient pas encore pris le développement considérable
dont notre époque a vu le spectacle. Les procédés agricoles étaient encore bien imparfaits; les instruments,
les engrais faisaient défaut ou étaient peu perfectionnés;
le système des jachères prédominait presque partout,
un grand nombre de terres n'étaient point cultivées. Le
revenu net de l'agriculture était de 34 0/0 moindre que
de nos jours, le revenu net imposable trois à quatre fois
moindre. La circulation métallique se trouvait inférieure
de beaucoup à ce qu'elle est aujourd'hui, six fois moindre, les valeurs mobilières infiniment plus rares. La production industrielle n'atteignait que la treizième partie
du chiffre qu'elle atteint actuellement, et le mouvement

des échanges était de sept à huit fois moins élevé. Bien
que les salaires des journaliers et des ouvriers eussent
augmenté depuis le XVII° siècle, ils n'arrivaient guère
qu'au quart ou même au cinquième de ce qu'ils sont à
notre époque.

Les douanes intérieures entravaient la vente des
denrées, des produits du sol et de l'industrie; la multiplicité et l'enchevêtrement des taxes indirectes en
rendaient le trafic difficile. La condition sociale des
villes et des campagnes surtout constituait encore un
obstacle redoutable aux progrès de la population; la
propriété rurale était sans doute morcelée, mais ce
morcellement se trouvait exagéré; d'ailleurs, la moitié
et parfois les deux tiers des terres appartenaient aux
corps privilégiés, noblesse, clergé, tiers État, si bien
qu'une multitude de petits propriétaires se partageaient
des parcelles de propriété. Les corporations dans les
villes entravaient le travail industriel et décourageaient
l'esprit d'initiative; la réglementation minutieuse, qui
datait de Colbert, empêchait les industriels et les com-
merçants de se livrer à la libre concurrence et au génie
d'invention qui caractérise le siècle présent. Il existait de
grandes routes et des canaux, mais les chemins de
petite communication, les chemins ruraux, faisaient
presque partout défaut. Les lignes douanières arrêtaient les transactions, et la prohibition périodique du
trafic des grains amenait souvent les disettes et même
parfois les famines.

Le gouvernement monarchique assurait aux populations la paix, les intendants faisaient des efforts loua-
bles pour développer la prospérité des provinces et pour
en améliorer le sort. Mais leur bonne volonté et leurs
efforts venaient se briser contre les vices inhérents au
régime despotique; l'excès de la centralisation, l'abus de
la tutelle administrative avaient fait disparaître l'esprit

d'initiative et d'individualité. La protection du pouvoir
était aussi souvent tyrannique et tracassière qu'utile.
Les pratiques administratives amenaient dans les campagnes une véritable misère; ainsi, la corvée royale,
bien plus dure que la corvée seigneuriale, enlevait à
l'agriculture les bras qui lui eussent été nécessaires
dans les saisons les plus favorables. Le fardeau des taxes
pesait durement sur les épaules du paysan et de l'ouvrier;
ne lui fallait-il pas payer trois gouvernements à la fois :
celui de l'Église avec les dîmes, celui des seigneurs avec
les droits féodaux, celui du roi avec les tailles, la capi-
tation, les vingtièmes et la foule des taxes indirectes ?
Sans doute, jadis les dîmes et les droits féodaux avaient
représenté la part légitime de revenu due à un gouvernement protecteur; leur perception pouvait être encore
assez douce au XVIIIᵉ siècle, mais, superposées à l'impôt royal, elles constituaient une surcharge écrasante,
surtout pour les classes rurales; les dîmes comme les
droits féodaux ne représentaient plus que des droits
injustes, puisqu'ils ne répondaient plus à aucun devoir.
Pour une population moindre, les impôts directs, à
eux seuls, étaient quatre fois plus élevés qu'à notre
époque, et le poids en était d'autant plus lourd qu'ils
pesaient, non pas uniquement, mais pour la plus grande
part, sur la portion la moins riche de la population;
qu'ils étaient arbitrairement répartis, mal perçus, enle-
vaient au cultivateur le goût d'améliorer ses cultures
et l'empêchaient d'arriver au bien-être. Sans doute,
les charges militaires étaient peu dures, mais la milice
frappait surtout les pauvres gens. Les mesures religieuses prises par Louis XIV et la proscription des
protestants avaient produit de tristes effets dans les
provinces de l'Ouest, comme l'Angoumois, où ils formaient une classe en général riche et industrieuse. Il en
était résulté, au début du XVIIIᵉ siècle, comme Vigier

l'atteste (1), une diminution notable dans le chiffre de la population, fait qu'attestent aussi les intendants Bernage et Bégon.

Cependant, malgré les entraves de toute nature qui Population absolue. s'opposaient au progrès, l'impulsion était déjà donnée depuis le XVIe siècle, et la rénovation de l'agriculture, du commerce, de l'industrie, l'amélioration de la vie matérielle et de la vie politique sont, dès lors, faciles à apercevoir. Sous l'influence des transformations économiques, sociales, politiques des temps modernes, la population se développait au XVIIIe siècle, lentement sans doute, mais d'une manière continue. Vauban atteste qu'en 1698, d'après ses propres renseignements et ceux des mémoires des intendants, le chiffre de la population française s'élevait à 19,094,146 habitants pour une étendue de 30,000 lieues carrées, ce qui équivaut à peu près à la superficie actuelle et donne une population spécifique d'environ 40 habitants par kilomètre carré (2). La province d'Angoumois était, malgré la révocation de l'édit de Nantes et l'excès des charges financières, l'une des plus peuplées du royaume. Elle n'était pas aussi étendue que le département actuel de la Charente, puisque, sur 5,942 kilomètres carrés que comprend ce département, la province n'en comptait guère, suivant nos calculs, que 4,573, et d'après d'autres calculs, 4,663 kilomètres carrés (3). On rattacha, en effet, à l'Angoumois, en 1790, une partie de la Marche limousine (18,734 hectares), du Poitou (44,000 hectares environ), de la Saintonge (70,000 hectares environ); mais, d'autre part, on en détacha une trentaine de communau-

(1) Vigier, p. 2, édition Michon. « Par là, dit-il, le pays est bien moins peuplé qu'il pourrait l'être. »
(2) Vauban, la *Dîme royale*, p. 22, et chap. VII, p. 132.
(3) Tableau I, superficie composée des cantons et arrondissements en 1789 et en 1790.

tés ou enclaves dont la superficie ne saurait être évaluée à moins de 300 kilomètres carrés. L'Angoumois avait donc, avant la Révolution, une étendue totale d'environ 4,800 kilomètres carrés (4,663 + 200 kilomètres carrés).

La première évaluation précise de la population de cette province date de M. de Bernage, intendant de Limoges, qui, dans un mémoire rédigé en 1698, portait à 272, non compris Angoulême, le nombre des villes, bourgs et paroisses de l'élection du même nom, d'où on n'avait pas encore détaché l'élection de Confolens. Le même administrateur portait alors le nombre des feux de la circonscription d'Angoulême au chiffre de 39,316 (1). L'usage communément adopté par les historiens de notre époque, et déjà indiqué par Voltaire (2), est de compter 4,5 habitants par feu. Si on ne compte que 4 habitants, on voit que l'élection d'Angoulême avait, en 1700, 157,164 habitants; si on multiplie le nombre des feux par 5, ce premier chiffre serait porté à 196,580; en adoptant enfin la moyenne de 4,5 habitants par feu, on obtient le chiffre de 176,922 habitants pour l'élection d'Angoulême, qui renfermait environ les deux tiers des paroisses de la province. Quant à l'élection de Cognac, qui comprenait 4 villes, 48 bourgs, 60 villages et 139 communautés (3), on peut évaluer le nombre des feux qui s'y trouvaient à un peu moins de 16,000, chiffre que l'élection avait atteint vers 1750; la population avait à peine progressé pendant la première moitié du XVIIIe siècle, et il est permis de fixer à 15,000 environ le nombre des feux de l'élection de Cognac en 1700. Le chiffre de 16,000 feux est donné

(1) Boulainvilliers, *État de la France*, II, 147.
(2) Taine, l'*Ancien régime*, p. 430. — Voltaire, *Dictionnaire philosophique*, art. Population, t. LIV, p. 273, édition de 1785.
(3) De Richemont, *Inventaire des archives de la Charente-Inférieure*, série C, p. 2.

par le Dictionnaire de Saugrain, en 1726. Ce chiffre multiplié par 5 donne 75,000 habitants; multiplié par 4, 60,000, et par 4,5, 67,000.

Ainsi, l'Angoumois avait, au commencement du XVIII° siècle, une population qu'on peut évaluer au plus à 243,000 habitants, chiffre qui doit être un peu supérieur à la réalité, le nombre des habitants de l'élection de Cognac ne paraissant guère supérieur à 4 par feu. La population de la province me semble devoir être fixée entre 230,000 habitants au minimum et 240,000 au maximum. Cinquante ans plus tard, la persistance des mêmes causes qui, de 1672 à 1715, avaient fait baisser d'un tiers la population de la France en avait ralenti le mouvement ascendant (1). Les guerres, les charges financières, le faible développement de l'activité économique maintenaient, en 1750, le chiffre des habitants de la France à 20 millions, ou près de 3,600,000 feux, Paris non compris (2), et entre 40 et 41 habitants par kilomètre carré le chiffre de la population spécifique.

Il ne semble pas que l'Angoumois ait vu le nombre de ses habitants s'accroître, sinon dans de très faibles proportions; l'élection de Cognac, notamment, ne contient encore que 16,794 feux (3), et il est permis de conjecturer par la médiocre augmentation des villes que l'élection d'Angoulême conservait à peu près le même chiffre de feux qu'en 1700. Mais, dans la seconde moitié du XVIII° siècle, le progrès économique et politique se manifeste par une progression rapide de la population, fait remarquable qui a excité depuis longtemps l'atten-

---

(1) Taine, l'Ancien régime, p. 430.
(2) Voltaire, Dictionnaire philosophique, t. L, p. 392, art. Économie; t. LIV, p. 273, art. Population.
(3) Dictionnaire universel de la France, 3 vol. in-folio, Saugrain 1726, Introduction.

tion des historiens (1). Aussi Necker constate-t-il, en 1784, que le nombre des habitants de la France s'est élevé à 24,676,000 (2), et il semble bien que ce chiffre s'éleva en 1789 à celui de 26 millions (3) ; la population spécifique est alors à peu près de 50 habitants par kilomètre carré. Dans l'Angoumois, province riche, il est vrai, la proportion paraît même avoir été plus forte.

Le relevé qui a été fait par nous dans les cahiers des paroisses de l'Angoumois et le calcul très compliqué et très long auquel nous nous sommes livré permettent de conclure que l'Angoumois, en 1789, comptait entre 58,000 et 60,000 feux et une population d'au moins 262,000 habitants(4). Quénot, dans un ouvrage estimable publié en 1817, comprenant, il est vrai, dans ses évaluations les paroisses annexées au département en 1790, compte 71,422 feux et 329,283 habitants, chiffre peut-être un peu exagéré (5). D'autre part, le comité de l'Assemblée constituante, d'après le recensement qu'il dressa à l'époque de la division de la France en départements, et qu'Arthur Young a inséré dans son *Voyage en France*, aurait donné à la Charente 268,160 habitants (6 et 7). Enfin, le cahier de la noblesse d'Angoumois (art. 8) attribue à la province une population de 260,000 habitants.

L'évaluation précise qui résulte de nos calculs et des relevés des cahiers s'éloigne peu de ces diverses asser-

(1) Tocqueville, l'*Ancien régime et la Révolution*.
(2) Necker, *De l'administration des finances*, t. I, p. 167, édition d'Orléans, in-12.
(3) Boiteau, *État de la France*, p. 10.
(4) Tableau A, contenant le relevé des feux et des habitants de la province, paroisse par paroisse, d'après les cahiers analysés par Chancel et les cahiers inédits de la bibliothèque municipale.
(5) Quénot, *Statistique de la Charente*, p. 308.
(6) Boiteau, *État de la France en 1789*, p. 10.
(7) A. Young, *Voyage en France*, t. III, p. 201, traduction française, 1794.

tions. En admettant comme le plus près de la vérité le chiffre de 262,000 habitants, l'Angoumois avait, en 1789, une population spécifique de 57 à 58 habitants par kilomètre carré; il avait gagné 7 à 8 habitants par kilomètre carré depuis le commencement du siècle et environ 20 à 25,000 habitants, puisqu'il avait passé du chiffre de 230 ou 240,000 à celui de 262,000. Si l'on en croit Quénot, qui prend toujours pour base de ses calculs la superficie et la population du département et non celles de la province, la population par lieue carrée était, en 1789, de 1,457 habitants, et en 1806, de 1,452 (1). La population de la Charente avait donc un peu diminué pendant les troubles et les guerres de la Révolution et de l'Empire, puisqu'en 1806 le chiffre de la population absolue est de 327,052 (2), et celui de la population spécifique de 1,452 par lieue carrée. Mais l'Angoumois est, de nos jours, bien plus peuplé qu'à la fin du XVIII° siècle; le recensement de 1886 donne à la Charente une population de 366,408 habitants. A cette époque, les paroisses annexées à la Charente ont environ 70,000 habitants, et les paroisses détachées de la province en 1790 en ont à peu près 16,000. Si l'Angoumois existait encore avec l'étendue qu'il possédait en 1789, il aurait 312,000 habitants; sa population s'est donc accrue, de 1789 à 1886, de 52,000 âmes, soit de $\frac{1}{5}$ à $\frac{1}{6}$, tandis que, de 1700 à 1789, l'accroissement n'a guère été que de $\frac{1}{7}$ à $\frac{1}{8}$. En prenant pour point de départ, non plus la province, mais le département, on voit que, malgré l'accroissement de l'étendue, portée à 5,942 kilomètres carrés, la population a baissé de 1789 à 1801; Quénot l'évalue à 329,000 habitants avant la Révolution, et elle n'est plus que de 327,000 en 1806.

(1) Quénot, *Statistique de la Charente*, p. 308.
(2) *Annuaire statistique de la France*, 1881, p. 5. — Quénot, p. 308.

La statistique officielle de 1881 donne, en ce qui concerne la population de la Charente, le chiffre erroné de 299,000 habitants en 1801, de sorte que, de 1801 à 1806, la population aurait augmenté de 27,000 âmes, progression inadmissible au premier examen (1). Mais ce renseignement est contredit par tous les documents que nous avons eus sous les yeux. L'*Annuaire* de 1802 indique pour le département une population de 331,203 habitants; l'*Annuaire* de 1804 fournit un chiffre analogue (2). Cette erreur de l'*Annuaire statistique de la France* provient probablement de ce qu'on oublia, lors de la formation des arrondissements, en 1801, la population de quelques cantons ou districts : probablement quelques cantons des districts de La Rochefoucauld et d'Angoulême, dont fut formé en grande partie l'arrondissement d'Angoulême.

Pendant l'Empire, la population de la Charente descend, en 1806, à 327,000 habitants, diminution évidemment causée par la mortalité qu'occasionnèrent les campagnes de la troisième coalition. Elle arrive, il est vrai, après l'époque impériale, à se relever rapidement : six ans après la conclusion des traités de Vienne et grâce à la période de prospérité et de paix qui suivit ces traités, en 1821, elle atteint au chiffre de 347,000; en 1826, à celui de 353,000; en 1831, on y relève le nombre de 362,000 habitants; en 1836, celui de 365,000; en 1841, celui de 367,000; en 1846, celui de 379,000. C'est donc entre 1841 et 1846 que la population de la Charente atteint un chiffre aussi élevé que

(1) Young, III, 204. La population, en soixante ans, aurait augmenté de un treizième ou dans la proportion de 211 à 196, de un neuvième depuis 1688.

(2) *Annuaires* de l'an X, p. 55; de l'an XIII, p. 80. — *Annuaire officiel du ministère du commerce*, p. 5, 1881. Tableau de la population des départements de 1801 à 1881.

celui du recensement de 1886. En 1851, elle atteint le maximum, 382,912 habitants.

Depuis lors, sous l'influence de l'affaiblissement de la natalité, des fléaux et de la crise agricoles, la population subit une décroissance assez marquée, bien que l'émigration ne soit pas active. En 1856, le chiffre de la population descend à 378,721; en 1861, il se relève à 379,031; en 1866, il redescend à 378,218; en 1872, il n'est plus, à cause de la guerre franco-allemande, que de 367,520; en 1876, il se relève à 373,950, pour descendre, en 1881, à 370,822, et en 1886 à 366,408 (1), chiffre à peine supérieur à celui du recensement de 1836. De 1856 à 1886, la Charente a perdu 16,504 habitants, alors que, de 1806 à 1856, elle s'était accrue de 56,000; l'accroissement de 1806 à 1886 n'est pas cependant inférieur à 40,000.

La population spécifique a suivi les variations du chiffre de la population absolue : en 1700, elle est de 50 à 51 habitants par kilomètre carré; en 1789, de 57 à 58 (2); elle serait, si on ne comptait que la province d'Angoumois, en 1886, de 65 à 66 habitants par kilomètre carré (3). En prenant pour point de départ l'étendue et la population du département, la population spécifique aurait été, en 1789, de 55 à 56 habitants par kilomètre carré; en 1801, de 55 à 56 (4); en 1806, de 55; en 1826, de 59 h. 52; en 1836, de 60 h. 53; en 1846, de 63 h. 83; en 1851, elle arrive à dépasser 64 habitants par kilomètre carré, soit exactement 64 h. 4 (5). La population a augmenté, de 1801 à 1826,

Population spécifique.

(1) *Annuaire* de 1881, p. 13 et suivantes. — *Annuaires* du département aux années suivant les recensements. Tableau Q.
(2) Calculs de l'auteur.
(3) *Ibid.*
(4) *Ibid.*
(5) *Annuaire de la France*, 1881, p. 13, et calculs de l'auteur.

de 100 habitants par 1,000 ; en 1846, de 200 habitants par 1,000, et en 1856 de 220. Depuis lors, la population spécifique revient, par rapport au recensement de 1801, à un accroissement de 220 habitants par 1,000 en 1861, de 200 habitants en 1881, de 190 environ en 1886. La progression, qui avait été, de 1801 à 1856, de 9 à 10 habitants par kilomètre carré (55 h. $\frac{1}{2}$ par kilomètre carré en 1801, 64 h. 4 en 1851), diminue depuis cette date : en 1856, il n'y a plus que 63 h. 73 par kilomètre carré, chiffre à peu près identique à celui du recensement de 1846 ; le recensement de 1861 donne un résultat presque semblable. La population spécifique, en 1866, n'est plus que de 63 h. 65 par kilomètre carré ; en 1876, de 62 h. 93 ; en 1881, de 62 h. 3 ; en 1886, de 61 h. 6, chiffre peu supérieur à celui du recensement de 1836 (1).

Population par arrondissement. L'accroissement de la population, malgré cette diminution accidentelle, n'en est pas moins considérable, puisque la progression par kilomètre carré est encore de 8 à 10 habitants par kilomètre carré par rapport au chiffre de 1801. La population de la Charente a, dans l'espace de quatre-vingt-six ans, augmenté de 40,000 habitants ; la province d'Angoumois, depuis la fin du XVIIIe siècle, en a gagné environ 50,000, et depuis la fin du XVIIe siècle, 70 à 80,000, tandis que la France, pendant cette même période, passait de 19 millions d'habitants à 38 millions. Cet accroissement a beaucoup varié, d'autre part, suivant les parties de la province ; les paroisses qui font partie des arrondissements actuels de Cognac et d'Angoulême, formées de terrains secondaires plus fertiles et plus propres aux cultures variées et rémunératrices, comme la vigne, étaient et sont relativement plus peuplées que les paroisses de l'arron-

(1) *Annuaire statistique de la France,* 1881, p. 13 ; 1886, p. 36, et calculs de l'auteur.

dissement de Confolens, partiellement formé de terrains primitifs et où le sol est plus pauvre; que celles des arrondissements de Ruffec et de Barbezieux, où, à côté de terrains fertiles, il en est d'autres formés de dépôts tertiaires qui constituent des landes ou brandes infertiles.

Ainsi, l'arrondissement d'Angoulême comptait, en 1789, pour une superficie de 1,790 kilomètres carrés, 56 à 57 habitants par kilomètre carré; en 1806, pour une superficie de 1,954 kilomètres carrés, près de 61 habitants par kilomètre carré; en 1830, plus de 63; en 1840, près de 68; en 1850, près de 70; en 1860, environ 69; en 1870, près de 71; en 1876, 71 h. 19; en 1886, environ 70 (1). En 1789, l'arrondissement de Cognac a une superficie de 711 kilomètres carrés; en 1806, de 715 kilomètres carrés. La population spécifique de cet arrondissement est, en 1789, supérieure à 62 habitants par kilomètre carré; en 1806, elle oscille entre 62 et 63; en 1830, elle est de 67 habitants par kilomètre carré; en 1840, de 73; en 1850, de 76; en 1860, de 85; en 1870, de 91; en 1876, de 94 h. 16; en 1886, de 86. Au contraire, l'arrondissement de Barbezieux, en 1806, pour une superficie bien supérieure, 987 kilomètres carrés, ne renferme que 59 habitants par kilomètre carré; en 1840, 56 à 57; en 1850, 58; en 1860, il revient à 56 ou 57; en 1870, à 54 h. 80; en 1880, à 50 h. 91; en 1886, il descend à 48 ou 49. L'arrondissement de Confolens a, en 1789, 887 kilomètres carrés, soit 39 à 40 habitants par kilomètre carré; en 1806, pour une superficie de 1,415 kilomètres carrés, il contient 42 h. 80 par kilomètre carré. Les améliorations agricoles, économiques, etc., font, depuis

(1) Calculs de l'auteur; chiffre de 1876 fourni par l'*Annuaire statistique de France*, 1879, p. 5.

lors, progresser lentement sa population : en 1840, elle
atteint 48 habitants par kilomètre carré; en 1850, elle
arrive à 50 habitants par kilomètre carré; en 1860,
à 49 h. 80; en 1870, à 47; en 1880, à 46 h. 11; en
1886, à 48 habitants. Dans l'arrondissement de Ruffec,
en 1789, pour une superficie de 668 kilomètres carrés,
on compte plus de 53 habitants par kilomètre carré;
en 1806, pour une superficie de 871 kilomètres carrés,
il y a 59 habitants par kilomètre carré; en 1840, plus
de 65 ; en 1850, 66; en 1860, près de 65; mais, depuis,
la diminution de la natalité et surtout l'apparition du
fléau phylloxérique font descendre cette proportion, en
1870, à 62 habitants par kilomètre carré; en 1880, à
59 h. 68, et en 1886, à 58 (1).

  Il résulte de ces divers calculs que les deux arrondissements d'Angoulême et de Cognac ont une population bien plus dense qu'au XVIIIᵉ siècle : le premier
a, au minimum, 13 habitants de plus par kilomètre
carré qu'en 1789; pour le second, l'accroissement est
bien plus considérable encore, il n'est pas inférieur
à 24 habitants par kilomètre carré. La culture de la
vigne, la fertilité plus grande du sol, la rapidité des
communications, le développement de la fabrication
des eaux-de-vie et du papier, enfin le progrès du commerce ont fait de ces deux régions le pôle attractif de
l'Angoumois. Au contraire, les arrondissements de
Confolens, Barbezieux, Ruffec, avec leurs terres peu
fertiles et surtout à cause de la disparition du vignoble,
de l'absence d'un commerce ou d'une industrie importante, en constituent en quelque sorte le pôle répulsif.
Cependant la région de Confolens, par suite de la natalité plus forte et des améliorations agricoles, gagne,
depuis la fin du XVIIIᵉ siècle, 8 habitants par kilomètre

(1) Calculs de l'auteur.

carré, tandis que les arrondissements de Ruffec et de
Barbezieux se retrouvent, aujourd'hui, avec une population presque identique ou même inférieure à celle qu'ils
possédaient avant la Révolution. Celui de Barbezieux
a même beaucoup perdu, puisque, de 1801 à 1886, sa
population spécifique s'est abaissée de 59 habitants par
kilomètre carré à 49 : la perte est de 10 habitants par
kilomètre carré. La région de Ruffec, après avoir gagné
17 habitants par kilomètre carré de 1789 à 1850, est
revenue à un chiffre inférieur en proportion à celui du
XVIIIe siècle, 58 habitants par kilomètre carré (1).

D'un autre côté, il est à remarquer que l'accroissement de la population s'est surtout porté sur les villes,
bien qu'au XVIIIe siècle ce fait soit moins apparent
qu'au XIXe. De 1700 à 1789, la population rurale et
la population urbaine s'accroissent à peu près dans
la même proportion. Il est vrai que le nom de ville
s'appliquait, avant la Révolution, à la plupart des
chefs-lieux de châtellenie ou de grandes terres féodales. Ainsi, en 1789, Angoulême, Cognac, Confolens,
Ruffec, Jarnac, Châteauneuf, Mansle, Nanteuil, Verteuil, Marthon, Montbron, Chabanais, Blanzac, Aubeterre, Montmoreau, Sainte-Aulaye, Lavalette, La
Tour-Blanche, La Rochefoucauld, Sainte-Radégonde
(Montausier), soit 20 villes, députèrent à part en
vertu de ce titre (2). Au contraire, au commencement du siècle, on ne comptait plus que 6 villes, et en
1886, 8 villes (y compris Barbezieux); c'est qu'en effet
on ne désigne plus sous ce nom, depuis la Révolution,
que les communes dont la population agglomérée
atteint à plus de 2,000 habitants (3).

Rapport entre la population urbaine et la population rurale.

(1) Calculs de l'auteur.
(2) Chancel, l'*Angoumois en 1789*, liste des paroisses; cahiers
inédits à la bibliothèque d'Angoulême.
(3) *Annuaire statistique*, 1881, p. 13 et suivantes.

7

Au-dessous des villes, autrefois comme de nos jours, on distinguait, suivant le chiffre des habitants, les communautés rurales sous le nom de bourgs, villages, hameaux. Il est évident, dès lors, que la proportion observée relativement à la population urbaine et à la population rurale change beaucoup suivant que l'on adopte le sens actuel ou le sens ancien du nom de ville. En prenant pour point de départ l'acception nouvelle donnée à ce mot, l'Angoumois, en 1700, n'avait guère que 2 villes, Angoulême et Cognac, peut-être 5 ou 6 avec La Rochefoucauld, Confolens, Châteauneuf, Ruffec. Angoulême, en 1700, compte 2,000 feux et 8,000 habitants; La Rochefoucauld, 550 feux et 2,500 habitants; Verteuil, 350 feux et 1,400 habitants; Ruffec, 400 feux et 1,800 habitants; Confolens, 470 feux et 2,000 habitants; Chabanais, 300 feux et 1,400 habitants; Montbron, 150 feux et 800 habitants; Marthon, 120 feux et 600 habitants; Blanzac, 150 feux et 700 habitants; Aubeterre, 130 feux et 600 habitants; Lavalette, 200 feux et 800 habitants (1). Cognac, en 1710, renferme 1,080 feux, soit 4,320 habitants, en supposant 4 habitants par feu; Jarnac, en 1716, n'a que 300 feux, soit de 1,200 à 1,500 habitants (2). Châteauneuf, en 1725, possède 440 feux, soit de 1,800 à 2,200 habitants (3).

En ne comptant au nombre des villes qu'Angoulême, Cognac, Confolens et La Rochefoucauld, on voit que la population urbaine atteint le chiffre de 17 à 20,000 habitants, sur une population totale de 230 à 240,000 habitants, c'est-à-dire un douzième ou un treizième de l'ensemble de la population. Il paraît bien que cette proportion a peu varié dans toute la première moitié

(1) Mémoires de Bernage dans Boulainvilliers, II, 138, 143, 145, et dans A. Leroux, Documents historiques sur la Marche, p. 246, 258.
(2) Marvaud, Études sur Cognac, p. 262.
(3) Marvaud, ibid., II, 226; Gervais, p. 231.

du XVIIIᵉ siècle, et même que le chiffre des habitants
des villes a plutôt diminué faiblement. Ainsi, Cognac,
qui renfermait, en 1710, 1,080 feux, n'en a plus que
847 en 1750. En 1698, Angoulême avait 2,000 feux;
en 1726, il n'y en a plus guère que 850, non compris,
il est vrai, les maisons religieuses, celles des fonctionnaires et des soldats en garnison; en 1736, il n'y
a encore que 879 feux, abstraction faite des mêmes
maisons (1). En 1726, Gervais attribue à La Rochefoucauld 450 feux; à Verteuil, 100; à Montignac-Charente, 91; à Ruffec, 296; à Jarnac, 300; à Aubeterre,
150; à Chábanais, 500; à Confolens, 500; à Lavalette,
180; à Châteauneuf, 440; à Montbron, 150; à Blanzac,
60; à Sainte-Aulaye, 486. Or, ces chiffres sont presque
tous à peu près les mêmes qu'en 1698, et plusieurs
inférieurs à ceux de la fin du XVIIᵉ siècle (2).

Mais depuis le milieu du XVIIIᵉ siècle, à mesure que
s'effacent les traces des longues et sanglantes guerres
de la période précédente et que s'améliorent les conditions de l'existence, l'Angoumois recouvre son ancienne
prospérité. Cette province, que Bernage dépeint « rem-
plie de villes, l'une des plus heureuses du royaume si
les malheurs des temps n'y avaient jeté l'abandon et
la tristesse », voit peu à peu renaître son industrie,
son commerce et son agriculture. Alors, l'accroissement
de la population des campagnes et des villes est relativement rapide, bien que la population urbaine
n'acquière guère plus d'importance proportionnelle
qu'auparavant. Cet accroissement se manifeste dans
toute la province à la fois, entre 1750 et 1789. Dans les
campagnes, il est très remarquable; ainsi, en 1763,
les paroisses angoumoisines qui ont constitué les can-

(1) Marvaud, II, 282. — Gervais, p. 231. — Vigier, p. 51.
(2) Gervais, *Mémoires sur l'Angoumois*, *ibid.*

tons de Confolens ont une population de 8,100 à 8,900 habitants ; en 1789, cette population est de 10 à 11,000 habitants; l'augmentation est d'environ 2,000 habitants. Les 12 communautés du canton de Saint-Claud comptent, en 1760, 1,344 feux, soit de 5,376 à 6,720 habitants, ou, à 4,5 habitants par feu, environ 6,000 habitants; en 1789, ce chiffre s'élève à 8,505.

En général, ce même accroissement s'observe pour les diverses paroisses ou communautés de la province ; ainsi, Orgedeuil, en 1763, renferme 63 feux, et en 1789, 95 ; Saint-Sornin a 129 feux à la première de ces dates et 180 à la seconde ; de l'une à l'autre de ces époques, Coulgens passe de 102 feux à 130 ; Rivières, de 192 à 220 ; La Rochette, de 146 à 162 ; Chantillac, de 166 à 220 ; Touvérac, de 141 à 206 ; Chirac, de 179 à 186 ; Saulgond, de 220 à 240, etc. (1).

De 1700 à 1789, ou mieux de 1750 à 1789, l'augmentation de la population totale a été de 30 à 40,000 habitants. Sur ce chiffre, la proportion de la population urbaine à la population rurale est, à peu de chose près, la même qu'au commencement du XVIIIᵉ siècle. Bien que la population urbaine ait augmenté (2), la proportion n'a pas beaucoup varié, parce que la population rurale s'est aussi très accrue. Ainsi, en 1765, Cognac atteint au chiffre de 936 feux, avec 3,198 personnes (1,502 chefs de famille, y compris les filles et hommes non mariés, 1,300 enfants légitimes ou bâtards, 334 domestiques des deux sexes nés hors de la ville, 62 clercs, commis et ouvriers étrangers) (3). Il est pro-

(1) Calculs de l'auteur d'après les renseignements donnés par les subdélégués en 1763. — *Archives*, C, 29, 30, et les *Cahiers de 1789*.

(2) Les grandes villes, dit le cahier inédit de Palluaud, se peuplent au détriment des campagnes; on ne peut sans frémir jeter un coup d'œil sur leur progression.

(3) Marvaud, II, 282.

bable qu'en 1789 cette même ville comprenait un millier de feux. En 1764, un dénombrement fait le 14 juin donne à Angoulême 12,174 habitants (2,283 hommes, 2,439 femmes, 2,928 garçons, 3,306 filles, 41 prêtres, 56 religieux, 138 religieuses, 302 ouvriers étrangers, 436 servantes ou femmes de chambre, 245 domestiques) (1). En 1769, sous la mairie de F. de Bourdage, la ville renferme 2,392 feux (2). En 1789, elle contient 13,000 habitants et environ 2,600 feux (3). Depuis 1700, l'accroissement de la population de cette ville s'élève à 4,000 habitants. Avant la Révolution, les cahiers indiquent pour Blanzac 80 feux ; pour Marthon, 103. A la même époque, Montbron a 330 feux ; La Rochefoucauld, 460 ; Lavalette, 157 ; Aubeterre, 158 ; Sainte-Radégonde, 500 ; Montmoreau, 89 ; Châteauneuf, 450 ; Jarnac, 400 ; Ruffec, plus de 400 ; Confolens, 560 ; Chabanais, 218 ; Mansle, 258 ; Verteuil, 272 ; Sainte-Aulaye, 410.

Si l'on excepte Angoulême, les autres villes de l'Angoumois ne paraissent guère avoir progressé, et leur population est encore en proportion très inférieure en nombre à celle des campagnes. En effet, si l'on en croit le rapport du comité d'imposition de l'Assemblée constituante, la population des villes et gros bourgs était, en 1790, de 44,100 habitants ; celle des campagnes, de 224,060 dans l'Angoumois (4). Des calculs plus précis permettent d'évaluer le nombre des habitants d'Angoulême, Cognac, Ruffec, Confolens, La Rochefoucauld, Jarnac, Sainte-Aulaye, Châteauneuf, Sainte-Radégonde (localités qui ont toutes plus de 400 feux)

(1) *Éphémérides de la généralité de Limoges,* p. 103. Opuscule rare, communiqué par M. Biais.
(2) Brun, continuateur de Samson, édition Michon, p. 143.
(3) D'après Necker, I, 195.
(4) A. Young, *Voyage en France,* t. III, p. 201, édition de 1794.

à environ 35,000, en accroissement de 15,000 sur le chiffre de 1700, ce qui représente entre $\frac{1}{8}$ et $\frac{1}{9}$ de la population totale de la province (1). Si on prend pour point de départ, non plus l'étendue de l'Angoumois, mais celle du département de la Charente, comme l'a fait Quénot (2), il semble qu'on y pouvait reconnaître, en 1789, 179 communes au-dessous de 500 habitants, 226 de 500 à 2,000, 9 de 2,000 à 2,500, 1 de 3,000 à 5,000 et 1 de plus de 10,000; 11 communes seulement auraient eu alors plus de 2,000 habitants, et la population rurale l'aurait emporté de beaucoup sur la population urbaine.

Tout concourt, en effet, à démontrer cette prépondérance de l'élément rural à la fin du XVIIIe siècle; elle était causée par la difficulté des relations et l'état peu avancé du commerce et de l'industrie. Un grand nombre de communautés rurales comptent alors entre 200 et 400 feux, c'est-à-dire entre 900 et 1,800 habitants. Ainsi, aux environs d'Angoulême, Champniers renferme 5,365 habitants, soit 1,065 feux; Nersac, 258 feux ou 1,290 habitants; La Couronne, plus de 400 feux; Balzac, 246; Ruelle, 200. Saint-Amant-de-Boixe, Vars, Pérignac, Saint-Genis d'Hiersac, Saint-Saturnin, Saint-Cybardeaux, Genac, Rouillac, Vaux, Agris, Brie, Jauldes, Rivières ont un nombre considérable d'habitants. De même, dans les cantons actuels de Lavalette, Aubeterre, Baignes, Montmoreau, dans les arrondissements de Cognac, Ruffec et Confolens, le nombre des communautés très peuplées est relativement assez important (3). Cette même prépondérance de la population rurale se remarquait, du reste, dans toute la France à la même époque, car, sur

(1) Calculs de l'auteur.
(2) Quénot, *Statistique de la Charente*, p. 308.
(3) Tableau de la population, pièces justificatives.

26,500,000 habitants, il y en avait alors 20 à 21 millions qui vivaient dans les campagnes.

Young conclut de ces calculs que la France est plus peuplée que l'Angleterre, mais moins prospère que ce dernier pays, puisqu'un cinquième seulement de la population réside dans les villes. Il attribue fort justement et cet accroissement remarquable et cette répartition inégale à plusieurs causes qui existaient dans l'Angoumois comme dans le reste du royaume : l'extrême division des propriétés, l'état très arriéré de l'agriculture, la faiblesse du commerce et de l'industrie, le nombre des mariages, le chiffre élevé de la natalité (1).

Peu de changements se produisirent dans la proportion de l'élément rural et urbain au commencement du XIXᵉ siècle. En 1806, la Charente comprenait encore, sur 454 communes, un tiers d'entre elles (186) au-dessous de 500 habitants, 257 de 500 à 2,000, 9 de 2,000 à 3,000, 2 de 3,000 à 5,000, 1 seule au-dessus de 5,000 habitants (2). Les seules communes qui eussent plus de 2,000 habitants étaient Angoulême avec 14,800 habitants en 1801 et 13,000 habitants en 1806, Montbron avec 2,980, La Rochefoucauld avec 2,501, Sainte-Radégonde avec 2,058, Châteauneuf avec 2,153, Cognac avec 3,134, Segonzac avec 2,453, Confolens avec 2,263, Ruffec avec 2,197, Barbezieux avec 2,452.

La population rurale avait encore une énorme supériorité numérique relativement à la population urbaine. En 1831, on ne compte encore dans la Charente que 6 communes urbaines, c'est-à-dire 6 communes qui aient plus de 2,000 habitants agglomérés : elles ont 29,748 habitants, soit 8,2 0/0 de la population totale.

(1) A. Young, III, 201, 219.
(2) Quénot, *Statistique de la Charente*, p. 308.

Au contraire, les campagnes représentent 91,8 0/0 de cette même population : elles ont 332,783 habitants sur 362,531. Au contraire, en 1876, les villes possèdent dans la Charente 62,139 habitants, plus du double, et les campagnes n'ont plus que 311,811 habitants; les premières représentent 16,6 0/0 de la population totale; les secondes, 83,4 0/0 de cette même population (1).

Au recensement de 1886, le département renferme 149 communes au-dessous de 500 habitants, 239 de 501 à 1,500, 25 de 1,501 à 2,500, 8 de 2,501 à 3,500, 3 de 3,501 à 10,000, 1 de 10,001 à 30,000, 1 de 30,001 à 40,000 (2). La population de la Charente s'élève dans le courant du siècle, depuis le recensement de 1806 jusqu'à celui de 1886, du chiffre de 326,000 habitants à celui de 366,000, soit un accroissement de 40,000 habitants. Or, ce qui confirme les remarques précédentes, ce sont les villes qui ont le plus progressé dans cette période. Angoulême, qui n'avait que 14,800 habitants en 1801, atteint en 1821 au chiffre de 15,001; en 1826, elle a 15,306 habitants; en 1836, 16,010; en 1846, 20,085; en 1856, 22,811; en 1866, 25,116; en 1876, 30,513; en 1886, 34,647. L'augmentation est de 19,847 habitants (près de 20,000) depuis le début du siècle, de 21,000 sur le chiffre de 1789, la moitié de 40,000, c'est-à-dire du chiffre de l'accroissement total. En même temps, Cognac, qui n'avait, en 1789 et 1801, que 3,000 habitants, et 2,947 en 1830, en possède 4,118 en 1840, 4,947 en 1850, 7,085 en 1860, 12,104 en 1870, 15,200 en 1886. Sa population a quadruplé depuis un siècle; elle s'est accrue de 12,000 habitants. Parmi les autres villes du département, Jarnac, qui avait 2,000 habitants en 1789, passe successivement

(1) *Annuaire statistique de la France*, 1881, p. 13 et suivantes.
(2) *Ibid.*, 1887, p. 10 et suivantes.

à 1,401 en 1806, 2,710 en 1840, 3,462 en 1860, 4,979 en 1880 et 4,450 en 1886; la population y a plus que doublé depuis 1789, triplé depuis 1806, et s'est accrue de 2,450 habitants dans le premier cas et de 3,000 dans le second. Confolens, qui avait 2,400 habitants en 1789, 2,263 en 1806, arrivait à 2,765 habitants en 1830, à 3,034 en 1860, à 3,183 en 1886, en accroissement de 683 habitants depuis la fin du XVIII° siècle. Ruffec progresse à peu près de même façon : de 2,000 habitants qu'elle possède en 1789, elle s'avance en 1806 à 2,197, à 2,526 en 1830, à 3,074 en 1860, à 3,589 en 1886, gagnant ainsi dans le courant du siècle 1,589 habitants. Au contraire, Segonzac, dont la population avait d'abord augmenté, passant de 2,453 habitants en 1806 à 2,260 en 1840, à 2,784 en 1860, à 2,977 en 1870, retombe à 2,384 habitants en 1886, par suite de l'émigration occasionnée par la crise agricole. Mais La Rochefoucauld, qui n'a que 2,501 habitants en 1806, en possède 2,724 en 1840, 2,965 en 1850, et après quelques diminutions revient à 2,989 habitants en 1886. L'accroissement depuis un siècle est d'environ 500 habitants. Barbezieux, de 2,452 habitants en 1806, parvient à 3,061 en 1830, à 3,700 en 1860, à 4,090 en 1886; cette ville a gagné depuis un siècle 2,442 habitants, environ le double de ce qu'elle avait au commencement du XIX° siècle.

Sur une augmentation totale de 40,000 habitants, la population des villes représente environ la presque totalité de cet accroissement, soit 39 à 40,000 habitants. La cause de cet afflux des populations vers les villes provient du développement considérable du commerce et de l'industrie, des améliorations introduites dans l'agriculture et qui ont rendu inutiles un certain nombre de bras, de la facilité des relations, enfin de l'attrait qu'exerce la vie urbaine. Qu'il y ait dans cette

émigration un danger réel à quelques égards, par
exemple au point de vue moral, il n'est guère possible
de le contester. Mais les économistes ont reconnu depuis
longtemps que ce fait n'était que le résultat d'une loi
naturelle, du progrès même de la civilisation, de l'amélioration de la vie matérielle, du développement industriel et commercial. Young, à la fin du dernier siècle,
insiste même avec quelque raison sur les inconvénients
que présente en France la prépondérance trop forte de
la population rurale et y voit un indice de l'état peu
avancé encore de ses ressources (1).

Il n'y a pas, en effet, généralement, en France, émigration réelle, pas plus que dans la province d'Angoumois. Le chiffre des émigrants a toujours été très faible,
et même depuis le fléau phylloxérique, il ne s'est que fort
peu accru : ce chiffre, qui, en 1870, était de 13 émigrants, de 28 en 1873, de 46 en 1878, ne s'est élevé
depuis qu'à 72 en 1879 et à 83 en 1883 (2); il ne représente guère qu'un élément insignifiant dans le mouvement général de la population. Il y a donc eu plutôt
déplacement des habitants, migration des campagnes
vers les villes, et si la décroissance de la population
rurale est manifeste, il n'est possible d'y voir autre chose
qu'une répartition différente de la population, sans y
pouvoir reconnaître une diminution. La grande majo-
rité des cantons ruraux ont, en effet, beaucoup perdu
de leurs habitants, non par suite de la diminution des
mariages et même de la natalité, ni de l'émigration,
mais plutôt sous l'influence de l'évolution économique
de notre siècle.

Diminution de la population rurale. On ne peut guère, d'ailleurs, se tromper aussi bien
sur le caractère de cette diminution ou de ce faible

(1) Young, *Voyage en France*, III, 201.
(2) *Annuaire statistique de la France*, 1886, p. 70.

accroissement de l'élément rural que sur l'existence même de ce fait. C'est surtout dans les petites communes d'une population inférieure à 500 habitants que cette diminution peut être remarquée, tandis que les autres, soumises aux mêmes effets, perdent aussi peu à peu leurs habitants ou n'en voient accroître que faiblement le nombre. Ainsi, le canton d'Aigre, qui, en 1806, compte 11,874 habitants, n'en a pendant tout le siècle possédé guère plus de 12 à 13,000, et est même tombé à 10,384 en 1886 ; celui de Mansle, qui, en 1789, renferme près de 13,000 habitants, de 1806 à 1860 progresse de 14,000 habitants à 16,700, pour revenir depuis à 15,000, 14,000, et en 1886 à 13,752, chiffre assez voisin de celui de 1789. Le canton de Ruffec, où se trouve cependant une des villes de l'Angoumois, passe du nombre de 12,587 habitants, chiffre de 1789, à ceux de 15,000 à 16,000 dans le courant du XIXᵉ siècle, pour redescendre, de l'année 1866 à l'année 1886, à 13,752 habitants ; la diminution est évidente surtout si l'on retranche la population de la ville de Ruffec elle-même de la somme des habitants du canton. Dans le canton de Villefagnan, où se rencontrent, en 1789, 11,000 habitants, et où, vers le milieu du XIXᵉ siècle, il y en avait 13,562, le recensement de 1886 n'indique plus que 11,216 habitants. Le canton de Blanzac, en 1789, avait 9,000 habitants ; dans le courant du XIXᵉ siècle, sa population s'élève au chiffre de 11,962 habitants, pour décliner ensuite à 10,000, puis à 9,219 en 1886. Dans le canton de Saint-Amant-de-Boixe, où, en 1789, on comptait 9,500 habitants environ, et où la population avait atteint, en 1850, le chiffre de 12,203 habitants, on ne trouve plus ensuite que 11,000 habitants, puis 9,996 en 1886. A Hiersac, au lieu de 10,000 habitants environ (chiffre de 1789), les recensements donnent 10,484 habitants en 1870 et 8,276 seulement en 1886.

D'après les mêmes calculs et les mêmes données,
on voit que le canton de Montbron avait en 1789 plus
de 11,000 habitants, arrivait en 1850 à 13,000 habitants, pour revenir en 1886 à 12,068. Dans celui de
La Rochefoucauld, en 1789, il y a 14,000 habitants;
en 1841, 15,994; en 1850, 16,538; puis on revient à
15,000 habitants, 14,500 et enfin 14,700 en 1886.
Lavalette possédait, avant la Révolution, 13,000 habitants; ce même canton parvient au chiffre de 14,358
en 1850, pour revenir ensuite à 12,000, et enfin à
10,867 en 1886. Le résultat est à peu près semblable
pour le canton d'Aubeterre, où, de 8,000 habitants en
1789, on passe à 8,587 en 1850 et à 7,050 en 1886; pour
le canton de Montmoreau, où, de 9,000 habitants en
1789, on parvient à 10,282 en 1850, pour retomber à
8,238 en 1886.

L'affaiblissement de la natalité et la destruction des
vignobles ont produit dans l'arrondissement de Cognac
les mêmes effets que l'infertilité relative du sol, jointe
à ces mêmes causes, dans les arrondissements de Barbezieux, de Ruffec et d'Angoulême. Ainsi, le canton de
Châteauneuf, qui a 11,000 habitants en 1789 et qui
était arrivé en 1870 au chiffre de près de 12,000, est
revenu depuis à ceux de 11,000 et finalement de 9,664
en 1886. Ailleurs, s'il y a un faible accroissement, il
revient aux villes ou aux gros bourgs. C'est le cas du
canton de Jarnac, qui avait plus de 11,000 habitants
en 1789 et atteignait en 1876 au chiffre de 14,252, et
dont la population est redescendue en 1886 au chiffre
de 12,850. Le canton de Segonzac, avec plus de 12,000
habitants en 1789, avait successivement progressé
jusqu'à 15,718 en 1870; il est retombé au chiffre de
12,790 habitants en 1886. Il en est de même pour le
canton de Cognac, où presque tout l'accroissement
revient à la ville de Cognac.

Dans une seule partie de la province d'Angoumois et du département de la Charente, grâce aux améliorations matérielles qui y ont surtout agi, et grâce encore à la proportion plus forte de la natalité, la population rurale s'est accrue lentement ou bien s'est maintenue, malgré l'émigration active vers les villes, qui tendrait à en diminuer la progression. Cette partie privilégiée est l'arrondissement de Confolens. En effet, les deux cantons de Confolens, qui n'avaient au commencement du siècle que 19,651 habitants, atteignent en 1886 au chiffre de près de 22,000. Le canton de Chabanais ne possédait en 1789 que 8,570 habitants; en 1886, il était peuplé de 13,363 habitants, gagnant pendant le XIXᵉ siècle près de 5,000 habitants depuis 1789, près de 2,000 depuis 1806. Dans le canton de Saint-Claud, il y avait, en 1806, 12,889 habitants, et en 1886, 14,742; l'accroissement ressort à plus de 1,000 habitants. Le canton de Montembœuf, qui comptait environ 8,500 habitants en 1789, 10,491 en 1806, atteint en 1886 au chiffre de 12,189 habitants; sa population s'est accrue de près de 3,000 habitants depuis 1789, de près de 2,000 depuis 1806. Dans le canton de Champagne-Mouton seul, l'accroissement est peu sensible, et il y a fort peu de différence entre le chiffre de la population en 1806, qui est de 6,232, et celui de 1886, qui est de 6,724; l'écart n'est que de 532 habitants. L'arrondissement entier de Confolens, de 60,497 habitants en 1806, est passé en 1886 au chiffre de 68,984; sa population a augmenté de plus de 8,000 habitants. Les cantons annexés en tout ou partie à l'Angoumois en 1790, du côté de la Saintonge, ont, en revanche, tous perdu de leurs habitants : celui de Baignes, qui avait 7,414 habitants en 1806, n'en a plus que 6,563 en 1886, chiffre presque identique à celui de 1789. Les cantons de Brossac et de Chalais, de 5,032 habitants et 7,830 en 1806,

sont passés à 5,830 et 8,270, en augmentation insigni-
fiante, et celui de Barbezieux, de 19,843 en 1806, est
descendu à 12,411 en 1886, en diminution de 7,000
habitants.

L'accroissement de la population rurale est dû surtout aux deux cantons d'Angoulême; le premier canton,
qui avait 18,000 habitants en 1789, est passé à 37,974
en 1886. Cet accroissement de près de 20,000 habitants
revient presque tout entier à la ville même d'Angoulême.
Mais le second canton, exclusivement rural, par suite de
l'attraction qu'exerce le voisinage du chef-lieu et du développement des cultures et de l'industrie, est passé depuis
1789 de 14,000 habitants à 24,162 en 1886; l'accroissement est de 10,162 habitants depuis la Révolution, de
11,000 depuis le recensement de 1806. Quelques autres
cantons ruraux se sont aussi accrus faiblement dans
l'Angoumois : celui de Montbron, qui, depuis 1806 jusqu'en 1886, a gagné environ 300 habitants; celui de
Segonzac, qui s'est accru dans le même intervalle d'environ 800 habitants; ceux de l'arrondissement de Confolens, accrus de 8,400 habitants; ceux de Chalais, de
Brossac, de Jarnac, de La Rochefoucauld, etc.

Mais il est à remarquer que ce sont surtout les gros
bourgs et non les communautés rurales qui présentent
cet accroissement. Les communes voisines des villes ont
aussi augmenté, parfois même dans de fortes proportions. Ainsi, La Couronne, qui, de 1,264 habitants en
1806, passe à 3,271 en 1886; Nersac, qui, de 983 habitants, parvient au chiffre de 1,575; Saint-Michel, qui a,
en 1806, 346 habitants, et en 1886, 1,058; Puymoyen,
qui passe, dans le même intervalle, de 302 à 679 habitants; L'Houmeau-Pontouvre, qui, de 905 habitants
en 1789, 999 en 1806, arrive à 2,546 en 1886; Magnac-
Touvre, qui, de 600 habitants en 1789, passe à 539 en
1806 et à 1,592 en 1886; Ruelle, qui n'avait que 1,000

habitants en 1789 et qui en a 2,797 en 1886; Soyaux, dont la population était de moins de 400 habitants en 1789 et est en 1886 de 1,311; Vœuil, qui n'avait que 283 habitants en 1789 et qui en a 517 en 1886.

Au contraire, d'autres communes rurales plus éloignées des villes ont subi d'énormes pertes ou bien sont restées stationnaires depuis la fin du XVIII siècle : telles la plus grande partie des paroisses de l'Angoumois, et même quelques-unes du voisinage d'Angoulême, comme Dirac, Saint-Estèphe, Roullet, Balzac, Bouex, Mornac; tel est surtout le cas de Champniers, jadis « la plus grosse paroisse » de la province, qui atteignait en 1789 au chiffre de 5,000 habitants, et qui depuis n'a cessé de perdre de ses habitants, n'ayant plus que 4,000 habitants, puis 3,500 en 1870 et finalement 2,934 en 1886, si bien que la diminution est de 2,000 habitants sur le chiffre de 1789, de 1,000 sur celui de 1806.

C'est un fait très digne d'attention que cette fluctuation, ce mouvement, cette répartition inégale des populations rurales et urbaines; il n'est point localisé, mais la France entière l'offre dans de plus fortes ou de plus faibles proportions. Il n'est, en effet, que la conséquence de la marche nouvelle de la civilisation et de la transformation économique dont notre siècle offre le spectacle.

Ce sont ces mêmes lois générales qui régissent ainsi de siècle en siècle le mouvement de la population, et qui influent sur le progrès ou la décadence de la natalité, de la mortalité, des mariages. D'abord, le nombre des mariages a été, en général, au XVIII° siècle, en corrélation étroite avec la prospérité générale. Les longues guerres de la deuxième partie du règne de Louis XIV, la révocation de l'édit de Nantes, l'aggravation des charges financières, la ruine économique, conséquence fatale de ces événements, avaient singulièrement ralenti le mouvement de la nuptialité. L'intendant de

La nuptialité ou mouvement des mariages.

La Rochelle, Bégon, qui avait dans sa généralité l'élection de Cognac, signale la diminution des mariages en termes très précis : « Le menu peuple, dit-il, vit dans un grand libertinage ; les bourgs et les villes sont pleins de pauvres filles qui vieillissent sans trouver de maris » ; aussi la population a-t-elle baissé d'un tiers, à cause de « l'impossibilité où sont les paysans de se marier et du libertinage des célibataires » (1).

Mais la seconde période du XVIIIᵉ siècle, marquée par un développement très important de la prospérité publique, l'est en même temps par une progression signalée du nombre des mariages. D'autre part, l'extrême morcellement des terres, poussé à un tel point qu'un observateur sagace, Arthur Young, en manifeste beaucoup d'étonnement, contribuait aussi à entraîner la population vers le même but : « Un héritage de 10 à 12 acres à diviser entre les enfants est regardé comme un établissement permanent et occasionne un mariage » (2). Il n'y a, dès lors, rien d'étonnant dans la proportion assez forte du nombre des mariages que Necker a relevés à la fin du XVIIIᵉ siècle. Ayant calculé pendant dix ans le nombre des unions, il les évalue à 2,137,740, c'est-à-dire à 213,774 par an, ce qui donne une proportion en rapport comme 1 à 113 1/3 (3), rapport que l'économiste Moheau évalue à 110 3/4. Ce rapport paraît s'appliquer exactement au nombre des mariages en Angoumois et permet de l'évaluer. Pour une population de 260,000 à 275,000 habitants, ce nombre devait osciller entre 2,300 et 2,400 mariages par an, si on prend pour point de départ la proportion de 1 à 113. C'est ce

(1) Mémoires de Bégon, publiés par G. Musset, *Archives historiques de la Saintonge*, t. II, p. 40, 41.

(2) A. Young, *Voyage en France*, t. III, p. 219, traduction française, 1794.

(3) Necker, *De l'administration des finances*, I, 153, 157.

que confirme un second calcul auquel les chiffres four-
nis par l'élection de Cognac, qui renfermait près d'un
tiers des paroisses de la province, servent de base. On
sait par le rapport de l'intendant que le nombre des
mariages dans cette élection était en 1788 de 748 (1), ce
qui donne proportionnellement, pour toute la province,
un chiffre de 2,244 mariages par an, évaluation peu
différente de la première. D'autre part, Quénot, qui
prend pour point de départ de ses calculs l'étendue du
département et non plus de la province, lui attribue, en
1789, 2,391 mariages ou $\frac{1}{137}$ du chiffre de la population, ce qui se rapproche encore de nos calculs.

Le nombre des mariages semble, depuis, avoir diminué
ou être resté stationnaire par suite des changements
survenus dans la vie matérielle et morale aussi bien que
dans les habitudes. Les difficultés croissantes de l'existence, la tendance à l'individualisme ou à l'égoïsme, la
facilité plus grande des mœurs, la persistance et l'aggravation du morcellement des terres et des héritages, le
luxe ruineux qui s'est propagé un peu partout, dépassant
souvent les ressources, ont fait du célibat tantôt une
nécessité, tantôt une habitude volontaire, et ont éloigné
du mariage un grand nombre de ceux qui y seraient
destinés. C'est ainsi que Quénot constate en 1789, il est
vrai d'après des données hypothétiques, que le nombre
des célibataires hommes de 18 à 30 ans est de 7,456 ou
$\frac{1}{44}$, tandis qu'en 1806 il est de 7,095 ou de $\frac{1}{462}$. Les
célibataires hommes au-dessus de 30 ans sont, dans la
Charente, en 1789, au nombre de 5,014 ou $\frac{1}{656}$, et en
1806, de 4,826 ou $\frac{1}{680}$. Pour les célibataires femmes de
18 à 30 ans, en 1789, le nombre est de 9,943 ou $\frac{1}{331}$,
et en 1806, de 9,616 ou $\frac{1}{341}$; les célibataires femmes au-
dessus de 30 ans sont, en 1789, au nombre de 7,016 ou

---

(1) *Inventaire des archives de la Charente-Inférieure*, série C, 182.

$\frac{1}{460}$, et en 1806, de 6,619 ou $\frac{1}{459}$. Les hommes mariés ou veufs atteignent en 1789 au chiffre de 73,755 ou $\frac{1}{416}$, et en 1806 à celui de 72,733 ou $\frac{1}{451}$; les femmes mariées ou veuves, en 1789, sont au nombre de 76,913 ou $\frac{1}{428}$, et en 1806 de 77,251 ou $\frac{1}{421}$ (1).

La différence entre les deux époques est encore, en somme, très peu marquée; mais à mesure qu'on s'avance dans le XIXᵉ siècle, l'écart est de plus en plus sensible, puisqu'en 1841, dans la Charente, sur 370,822 habitants, le nombre des hommes mariés était de 84,591, et celui des veufs de 9,235; au total, 93,826; les femmes mariées étaient au nombre de 83,763, et les veuves au nombre de 17,601, soit 195,193 personnes mariées des deux sexes et 175,629 célibataires des deux sexes (2). La proportion est un peu moins forte qu'en 1806. Depuis ce moment, le nombre des mariages décline encore plus : en France, en 1861, la proportion est de 0,82 0/0; en 1866, de 0,80; en 1876, de 0,79; en 1881, de 0,75; en 1884, de 0,79 (3).

Dans la Charente, cette diminution ou bien cet état stationnaire sont sensibles, comme presque partout, et principalement dans les parties les plus riches du département. Le recensement de 1876 indiquait 373,950 habitants dans la Charente, parmi lesquels 88,483 hommes mariés et 12,034 veufs, 88,483 femmes mariées et 28,857 veuves. En 1875, on comptait 3,377 mariages, dont 2,790 entre garçons et filles, 276 entre veufs et filles, 174 entre veufs et veuves. En 1876, on constatait 3,222 mariages, dont 2,682 entre garçons et filles, 135 entre garçons et veuves, 237 entre veufs et filles, 168 entre veufs et veuves. En 1881, le chiffre des mariages

(1). Quénot, *Statistique de la Charente*, 1817, p. 280.
(2) Rapport du Préfet, *Délibérations du Conseil général*, 1846, p. 43.
(3) *Annuaire statistique de la France*, 1887, p. 18.

s'abaisse à 3,182, dont 2,668 entre garçons et filles, 107 entre garçons et veuves, 230 entre veufs et filles, 127 entre veufs et veuves. En 1882, il n'est plus que de 2,972; en 1884, de 2,614 (1). Or, en 1789, sur 270,000 habitants, il y a environ 2,400 mariages, et en 1884, 2,600 mariages seulement sur 370,000 habitants environ.

En l'an X, on relevait dans la Charente 2,323 mariages; en l'an XIII, 2,724; en 1806, 2,867 mariages sont relevés par la statistique officielle sur 326,000 habitants; en 1815, 3,841 mariages; en 1826, 2,643; en 1830, 2,921; en 1840, 3,044; de 1830 à 1840, pour une population de 362,000 à 367,000 habitants, le chiffre des mariages oscille entre 3,065 au maximum et 2,517 au minimum. En 1844, l'*Annuaire* signale 2,825 mariages, dont 2,442 entre garçons et filles, 115 entre garçons et veuves, 266 entre veufs et filles, 102 entre veufs et veuves (2). En 1876, on constate 3,222 mariages; en 1883, 2,972 sur 373,000 habitants (3).

Il semble résulter de ces chiffres que, par rapport au XVIIIe siècle et à la première moitié du XIXe siècle, le nombre des mariages est en décroissance.

La comparaison de ces chiffres suffit à montrer qu'au XVIIIe siècle la proportion des mariages était un peu plus forte que de nos jours, sans que cependant l'écart soit très sensible. La nuptialité est encore en France assez considérable, et notre pays, comme le remarque Bertillon, occupe sous ce rapport une situation moyenne et même supérieure à celle de ses voisins (4).

(1) *Annuaire statistique de la France*, 1887, p. 29; 1879, p. 45; 1886, p. 40, 41.
(2) *Ibid.*, 1844, p. 47.
(3) *Ibid.*, 1879 et 1886.
(4) Bertillon, *Statistique humaine de la France*, p. 67.

En revanche, la natalité tend à diminuer depuis deux
siècles, si bien qu'à l'époque actuelle elle est de beaucoup inférieure à celle des nations voisines : Allemagne,
Angleterre, Espagne, Pays-Bas (1), tandis qu'à la fin
du XVIII° siècle elle atteignait à la forte proportion de
40 naissances pour 1,000 habitants, d'après l'économiste Moheau. Alors, les familles comptaient un grand
nombre de membres, et Necker, qui avait fait relever
pendant dix ans le nombre des naissances, l'évaluait
à 940,935 par an, nombre qui, par rapport à celui
des habitants, était comme 1 à 24 ou 23 au minimum,
ou comme 1 à 29 ou 30 au maximum, soit une proportion moyenne de 1 à 25 ou 26 (2).

En prenant pour point de départ cette proportion,
l'Angoumois, qui avait en 1789 entre 260,000 et 265,000
habitants, devait compter un chiffre annuel de naissances voisin de 10,000 ou même un peu supérieur.
C'est ce que confirme un autre calcul : en effet, dans
l'élection de Cognac, qui comprenait un peu moins du
tiers de la province, l'intendant de La Rochelle indiquait un chiffre de 2,724 naissances (3); d'où l'on peut
conclure qu'en proportion la province entière comptait
annuellement entre 8 et 9,000 naissances, chiffre assez
voisin du précédent; en évaluant à 9,000 le nombre
annuel des naissances, il semble bien qu'on s'écarte peu
de la vérité. On peut aussi inférer d'un grand nombre
d'indices qui ont été recueillis par l'auteur de cet essai
que la natalité devait être surtout forte dans les paroisses des arrondissements actuels de Confolens et même
d'Angoulême, où le nombre des membres par famille
semble avoir été de 5, et, au contraire, plus faible
dans les arrondissements de Ruffec et Cognac, où les

(1) Bertillon, *Statistique humaine de la France*, p. 74 et suivantes.
(2) Necker, *De l'administration des finances*, I, p. 153, 157.
(3) *Archives de la Charente-Inférieure*, C, 182.

familles ne paraissent pas avoir compté, en moyenne,
plus de 4 membres (1). Ce fait doit probablement être
attribué à l'aisance plus grande qui existait dans ces
deux parties de la province. Arthur Young attribue
aussi cette multiplication rapide de la population à l'extrême division des propriétés, et il estime que le nombre
des naissances est disproportionné relativement à l'industrie et au travail de la nation; aussi signale-t-il une
extrême mortalité parmi les enfants, qui périssent par
défaut de nourriture (2).

Le chiffre des naissances légitimes était, à ce qu'il
semble, en 1789, relativement très élevé : Quénot, dont
les calculs sont faits d'après un point de départ très différent du nôtre, donne au département de la Charente,
en 1789, une population de 326,000 habitants, et évalue
à 5,662 le nombre des naissances masculines légitimes
et à 5,401 celui des naissances féminines de la même
nature; en 1806, le nombre de ces naissances est de
5,158 pour les garçons et de 5,056 pour les filles; en
1789, il compte 160 enfants naturels, et en 1806,
194 (3).

Depuis le début du XIXᵉ siècle, on remarque, au
contraire, ce double phénomène : d'une part, diminution de la fécondité des mariages, et, de l'autre,
accroissement des naissances illégitimes. On en a souvent recherché les causes, et on a signalé avec beaucoup de raison l'influence exercée par la civilisation
générale, l'accroissement du luxe, qui tendent à aug-
menter la consommation de l'individu aux dépens de la
famille, l'habitude toute française de l'épargne, le morcellement exagéré des terres et l'aisance des classes

---

(1) Ceci résulte surtout des chiffres précis recueillis pour la population des villes et bourgs de ces deux régions.
(2) A. Young, *Voyage*, III, 219.
(3) Quénot, *Statistique du département de la Charente*, loc. cit.

rurales et bourgeoises (1), enfin les difficultés croissantes de la vie. De là l'excès de prévoyance des mé-
nages, qui tendent à limiter volontairement, dans les
contrées riches surtout, le nombre de leurs enfants (2).

L'affaiblissement de la natalité est, quelles qu'en
soient les causes, assurément indéniable. En 1789, le rapport des naissances à la population était comme 1 à 25
ou 26; en 1806, comme 1 à 30; en 1856, comme 1 est à 37.
Le rapport des naissances par 100 habitants est, en
1806, de 3,15; en 1826, de 3,11; en 1836, de 2,92;
en 1856, de 2,52. Tandis qu'en 1806 on compte, sur une
population de 29,107,000 habitants, 916,179 naissances,
en 1846, sur 35,401,761, on ne compte plus que 965,866
naissances; en 1866, sur 38,067,064, on ne compte plus
que 965,866 naissances, et en 1884, sur 37,945,537 habitants, seulement 937,758 naissances.

Dans le département de la Charente, bien plus étendu
que l'ancienne province d'Angoumois, la diminution de
la natalité est sensiblement identique à celle du reste
de la France. En 1789, sur une population de 260 à
265,000 habitants, la province compte 9,000 naissances;
or, en 1826, le département, plus grand en superficie
que la province et qui renferme alors 353,653 habitants,
ne présente plus qu'un chiffre de 9,692 naissances;
en 1836, sur 365,000 habitants, il n'y a que 9,907 naissances; en 1846, 9,015 naissances sur 379,000 habitants; en 1856, 8,751 naissances sur 378,721 habitants;
en 1866, 7,910 naissances sur 378,218 habitants; en
1876, 8,686 naissances sur 373,950 habitants; en 1880,
7,856 naissances; en 1882, 8,245; en 1884, 7,486 (3).

(1) Bertillon, *Dictionnaire des sciences médicales*, 2ᵉ série, t. XI,
p. 452 et suivantes.
(2) Bertillon, *ibid.* — Boiteau, p. 4-5.
(3) Calculs de l'auteur et *Annuaire statistique*, 1882, p. 43; 1886,
p. 61; 1887, p. 35. Tableau C.

Ainsi, depuis la fin du XVIIIe siècle, les naissances annuelles sont inférieures du chiffre de 1,000 au nombre de 1789, et bien davantage proportionnellement au nombre des habitants.

En même temps que la natalité diminuait, les naissances illégitimes s'accroissaient. En 1789, on n'en compte, d'après Quénot, que 160 sur un total de 11,000; en 1806, sur 10,300 naissances, il y en a 194 d'illégitimes (1); en 1883, sur un chiffre de 7,939 naissances, il y a 3,828 enfants mâles et 3,582 filles légitimes, 241 garçons et 288 filles illégitimes; la proportion des naissances illégitimes s'est donc fortement accrue. C'est ce que prouve aussi le chiffre des naissances illégitimes en 1884, puisque, sur 7,486 naissances, il y en a 301 d'illégitimes (2). Ce fait, d'ailleurs, est général et se remarque dans la France entière, ce qui n'est point toujours une preuve de l'abaissement de la moralité, puisque des pays qui passent pour très moraux, comme l'Italie, l'Allemagne, la Bavière, la Hollande, la Suisse, l'Angleterre, présentent une proportion de naissances illégitimes supérieure de beaucoup ou égale à celle de la France (3). Il est vrai que, dans la plupart des cas, ce fait est l'indice d'une diminution des idées morales.

On a remarqué depuis longtemps que la proportion des naissances féminines et masculines tendait à se maintenir dans les mêmes limites; après Bernouilli, Laplace, dans la *Théorie analytique des probabilités*, observait, d'après les chiffres de la natalité parisienne entre 1745 et 1784, que le nombre des garçons était, par rapport à celui des filles, presque invariable pendant des périodes de temps assez longues. Ainsi, à Paris, pendant soixante et un ans, le nombre des naissances

Marginal notes (right):
Progression des naissances illégitimes.

Proportion des naissances masculines et féminines et de la population masculine et féminine.

(1) Quénot, *Statistique*, p. 308.
(2) *Annuaire statistique de la France*, 1886, p. 40, 41.
(3) Bertillon, *Dictionnaire des sciences médicales*, p. 92, 94.

masculines avait été de 393,386, et celui des naissances féminines de 377,555. A notre époque, le nombre des naissances masculines correspondant en France à 1,000 naissances féminines est de 1,164 (1), proportion qui change par suite de la mortalité particulière qui sévit sur la population mâle, si bien que, par exemple, le recensement de 1876 indique pour la population masculine le chiffre de 18,374,000 personnes, et pour la population féminine celui de 18,532,000. Il y a donc un écart, en général, presque invariable, d'abord entre le chiffre des naissances masculines et celui des naissances féminines, et ensuite entre le nombre total de la population masculine et celui de la population féminine.

Laplace pense qu'il y a quatre à parier contre un pour que cet écart persiste pendant d'assez longues périodes. Bien des indices portent à croire, en ce qui concerne l'Angoumois, qu'au XVIII⁰ siècle la population féminine l'emportait en nombre sur la population masculine; le poids du travail et de la misère pesait surtout sur les hommes. Aussi Quénot évalue-t-il la population mâle de la Charente, en 1789, au chiffre de 163,472 personnes, et la population féminine à celui de 165,811; les troubles et les guerres ont réduit à 162,946 le nombre des hommes et à 165,313 celui des femmes en 1806. On compte alors 81,532 garçons, 84,702 filles, 64,109 hommes mariés, 64,136 femmes mariées, 9,891 veufs, 15,297 veuves et 7,218 soldats (2). Au contraire, depuis 1841, la proportion inverse s'établit et persiste dans la Charente : la population masculine l'emporte sur la population féminine. Le recensement de 1846 distingue 189,898 hommes et 189,125

(1) *Journal des savants,* article de J. Bertrand, décembre 1887, p. 692-693.
(2) Quénot, p. 308.

femmes (1). Au recensement de 1866, on compte 193,269
hommes et 184,949 femmes (2); en 1876, malgré la
forte mortalité provoquée dans la population mâle par
la guerre de 1870, il y a encore 189,727 hommes et
184,223 femmes; en 1881, le recensement indique une
population mâle de 186,381 personnes et une population féminine de 184,041 femmes (3). Enfin, le recensement de 1886 signale pour la Charente une population
de 184,489 hommes et de 182,919 femmes (4).

L'écart entre le nombre des habitants du sexe masculin et du sexe féminin tend donc à se maintenir,
depuis plus de cinquante ans, sans variations sensibles.
Il en est de même en France depuis deux siècles. D'après
Expilly, il y avait en 1772 : 4,796,735 filles au-dessous
de 20 ans et 4,777,516 garçons; 4,648,050 femmes et
filles entre 20 et 50 ans et 4,243,516 hommes et garçons; de 50 à 65 ans, 1,097,306 garçons et hommes et
1,138,344 femmes et filles; de 65 à 80 ans, 413,240
hommes et garçons et 588,585 femmes et filles; au-
dessus de 80 ans, 61,053 hommes et garçons et 100,012
femmes et filles. Au total, 10,562,631 personnes du
sexe masculin et 11,451,726 du sexe féminin. Or, cette
proportion se retrouve avec quelques légères variations,
un siècle plus tard, dans la France, de même qu'elle
existe en sens inverse dans la Charente.

Jusqu'à l'âge de 15 ans, l'écart entre les deux chiffres
de la population masculine et de la population féminine
paraît tendre à se maintenir, et à s'accroître au-dessus
de cet âge. Ainsi, en 1876, dans la Charente, on relève
le chiffre de 57,568 garçons contre 46,383 filles, pour

(1) *Recueil des délibérations du Conseil général,* rapport du Préfet, 1846, p. 43.
(2) *Recueil des actes administratifs,* 1867, p. 3236.
(3) *Ibid.,* 1882, p. 478.
(4) *Ibid.,* 1887.

une proportion de naissances masculines et féminines
de 4,398 et de 4,288. Soixante-quatorze ans auparavant,
en 1802, on relevait 5,223 naissances masculines contre 4,821 féminines. En 1804, la statistique indiquait
4,672 naissances masculines contre 4,274 naissances
féminines. L'écart entre les naissances masculines, d'un
côté, et les naissances féminines, de l'autre, était surtout considérable dans les arrondissements de Ruffec
(747 contre 654), d'Angoulême (1,914 contre 1,779), de
Barbezieux (827 contre 717), et presque insensible dans
ceux de Confolens (1,054 contre 1,056) et de Cognac
(681 contre 616) (1). Cette différence, qui existait en
l'an X, se maintenait encore en l'an XIII.

Les statistiques prouvent que, depuis la fin du
XVIIIᵉ siècle, l'écart entre le chiffre des naissances
masculines et celui des naissances féminines n'a fait
que persister. En l'an XIII, elles signalent 4,672 naissances d'un côté et 4,274 de l'autre (2); en 1810, on y
relève 5,567 naissances masculines et 5,114 naissances
féminines; en 1821, 5,154 d'une part et 4,807 de l'autre;
en 1830, 4,735 et 4,543; en 1840, 4,653 et 4,105 (3).
En 1876, le sexe masculin enregistre 4,398 naissances,
et le sexe féminin 4,288; en 1883, l'un présente 4,069
naissances et l'autre 3,582 (4). Ainsi, le chiffre des naissances masculines, depuis deux siècles, tend à l'emporter sur celui des naissances féminines, ce qui n'em-
pêche pas que la proportion de la population féminine
ne soit supérieure à celle de la population masculine.

Mais, de tous ces phénomènes relatifs à la natalité,
le plus grave est celui de la diminution des naissances.
Il influe puissamment sur l'extinction des familles; il

(1) *Annuaires* de l'an X, 107; de l'an XIII, 144.
(2) *Ibid.*, an XIII, p. 144.
(3) *Ibid.*, 1844, p. 42.
(4) *Annuaire statistique de France*, 1886, p. 40-41.

paraît qu'elles tendent à décroître et à disparaître dans l'intervalle de quelques siècles, si bien que, sur 100 familles, 80 environ n'existent plus au bout de trois cents ans. Or, cette décroissance et cette disparition sont dues non seulement au nombre des mariages stériles, qui est d'environ 13 0/0, à la mortalité des garçons parvenus à l'âge de 28 ans, qui est de 40 0/0, au nombre stationnaire des mariages, mais encore et surtout à la diminution des naissances, qui sont descendues en moyenne de 4,5 par ménage au chiffre de 3 et même de 2 depuis la fin du XVIIIe siècle (1).

L'affaiblissement de la natalité paraît compensé jusqu'à un certain point par la décroissance de la mortalité des enfants en bas âge et des hommes et des femmes arrivés à l'âge adulte. Cette mortalité y est moindre pour les hommes, car, à l'âge adulte, pour 31,377 hommes, il y a 27,500 femmes (2). La mortalité sévit, en effet, à cause de la faiblesse physique des femmes, dans l'enfance et l'âge adulte, surtout sur la population féminine.

Il est cependant prouvé que, soit pour les hommes, soit pour les femmes, la durée de la vie moyenne s'est beaucoup accrue. Voltaire remarquait, d'après les calculs du statisticien hollandais Kerseboom et du mathématicien français Deparcieux, que, sur 700 personnes, il n'en restait guère au bout d'un an que 560 ; à 10 ans, 445 ; à 20 ans, 405 ; à 40 ans, 300 ; à 60 ans, 190 ; à 80 ans, 50, et à 90 ans, 5. « En général, dit-il, l'âge auquel l'espèce humaine est rendue à la terre, dont elle sort, est de 22 à 23 ans » (3).

(1) Dr Lagneau, Académie de médecine, octobre 1888. — Dr Chervin, Académie des sciences, octobre 1888.
(2) *Annuaire statistique*, 1879, p. 23.
(3) Voltaire, *Dictionnaire philosophique*, art. Age, t. XLVII, p. 138. 142. — Deparcieux, *Encyclopédie*, art. Vie.

En 1789, d'après Duvillard, la vie moyenne était de 28 ans 9 mois. Au contraire, en 1817, elle était de 31 ans $\frac{8}{10}$; en 1820, de 32 ans; en 1837, de 34 ans $\frac{6}{10}$; en 1856, de 34 ans, et en 1888 de 40 à 41 ans. En soixante-dix ans, la durée moyenne de l'existence s'est augmentée de 11 à 12 ans (1). Il est vrai que l'excédent des naissances sur les décès est peu important, et que si la mortalité diminue, c'est dans des proportions qui ne compensent pas assez l'affaiblissement de la natalité.

L'excédent des décès sur les naissances.

Cet excédent, qui était dans la Charente, avant la Révolution, de 0,47 pour 101 habitants, arrivait à 0,54 en 1811, à 0,84 en 1816, à 0,74 en 1821, à 0,48 en 1826, à 0,57 en 1831, à 0,69 en 1836, à 0,53 en 1841, à 0,41 en 1846, à 0,48 en 1851 et 1856. En 1842, la proportion des décès pour 100 habitants variait entre 23 $\frac{7}{10}$ au maximum dans l'arrondissement de Confolens et 16 $\frac{8}{10}$ au minimum dans l'arrondissement de Barbezieux (2). Mais depuis 1856 l'excédent des naissances sur les décès va en s'affaiblissant de plus en plus : l'excédent des naissances sur les décès en France était encore en 1881 de 108,229; il n'est plus en 1887 que de 56,536, soit une diminution de 48 0/0 en six ans, ce qui provient de la proportion de plus en plus petite des naissances. Dans la Charente, l'excédent des naissances, qui est encore de 0,48 pour 100 habitants en 1856, descend progressivement à 0,37 en 1861, à 0,32 en 1866, à 0,36 en 1876, à 0,29 en 1881, à 0,27 en 1884. L'excédent des naissances sur les décès, qui est en 1789 de 1,000 environ, est seulement de 60 en 1884. Ce phénomène est le résultat uniquement de la décroissance des naissances, car les décès sont, pro-

(1) Boiteau, *État de la France*, p. 12, donne le chiffre de 41 ans comme durée de la vie moyenne.
(2) *Annuaire départemental*, 1844, p. 50. — *Annuaire statistique de France*, 1887, p. 39.

portionnellement à la population, et moins fréquents et moins prématurés qu'au XVIII° siècle.

D'après Necker, le chiffre des décès en France en 1784 était de 818,491 par an, soit une proportion de 1 à 29 $\frac{3}{5}$ comparativement au chiffre de la population, contre une moyenne de 940,935 naissances ; or, la population de la France est alors de 25,000,000 d'habitants environ (1). En 1806, pour une population bien supérieure, les décès sont au nombre de 781,827 ; en 1826, de 837,610 ; en 1846, de 820,918 ; en 1866, de 884,573 ; en 1876, de 834,074 ; en 1884, de 858,784 (2). Or, à cette date, pour une population de 38,000,000 d'habitants, le nombre des décès est à peine plus élevé qu'en 1784, où la population est de 25,000,000 d'habitants ; il en résulte qu'il y a eu depuis le XVIII° siècle une diminution sensible du chiffre des décès.

Diminution
des décès.

Le fait est particulièrement remarquable en Angoumois ; dans cette province, on peut évaluer le chiffre des décès, en 1789, à 9,000, sur une population de 260,000 habitants. En effet, l'élection de Cognac, qui comprend environ le tiers de la superficie de l'Angoumois, compte en 1784 2,753 décès (3) ; d'où il suit que, dans la province entière, on devait constater par an 8,259 décès, soit, en chiffres ronds, 9,000. Quénot, dont les calculs portent sur le département de la Charente et non sur l'Angoumois, évalue le chiffre des décès, en 1789, à 9,754 (4). Ce chiffre, probablement à cause des guerres de la deuxième et de la troisième coalition, s'élève en 1802 à 10,350, et en 1804 à 13,580 (5). Mais, depuis, ce chiffre tend à s'abaisser, malgré quelques relèvements

(1) Necker, op. cit., I, 153, 157.
(2) Annuaire statistique de France, 1887, p. 39.
(3) Archives de la Charente-Inférieure, 1. 182.
(4) Quénot, p. 308.
(5) Annuaires départementaux, an X et an XIII, p. 144.

— 78 —

dus aux épidémies ou aux expéditions militaires : en 1826, il n'est plus que de 8,827; en 1830, de 7,513; en 1840, de 6,970; en 1850, de 6,713; en 1860, de 7,630; en 1870, la guerre franco-allemande fait remonter ce chiffre à 13,952; depuis, il redescend en 1875 à 8,356, en 1879 à 7,708, en 1884 à 7,531 (1).

La mortalité aux divers âges de la vie.
—
Mortalité de la population masculine et féminine.

En même temps, la mort frappe moins qu'autrefois dans l'enfance et la jeunesse, et elle épargne davantage le sexe féminin aux divers âges, sauf pendant la période nubile. Arthur Young constatait, à la veille de la Révolution, que les enfants meurent en grand nombre en France à cause de l'absence de soins et de nourriture (2). D'après Quénot, on comptait en 1789 4,851 décès parmi les hommes et 4,903 parmi les femmes. Depuis la fin du XVIIIe siècle, c'est le contraire qui se produit : avant la Révolution, les décès féminins paraissent l'emporter sur les décès masculins; depuis le commencement du XIXe siècle, ce serait un phénomène opposé qui semblerait se produire. En l'an IX (1800), Quénot calcule, en effet, qu'il y eut dans la Charente 4,582 décès parmi les hommes et 4,470 parmi les femmes (3). La même proportion persiste de 1800 à 1817. En 1844, on constate 3,679 décès masculins et 3,693 décès féminins; il y a donc presque égalité, en ce moment, entre le chiffre des uns et des autres (4). Mais, en 1883, sur 7,879 décès, 4,005 atteignent le sexe masculin et 3,874 le sexe féminin (5). En 1876, même proportion : sur 8,167 décès, 4,335 pour le sexe masculin et 3,832 pour le sexe féminin. En 1885, sur 7,731 décès, 3,841 frap-

(1) *Annuaire statistique de France*, 1881, p. 41, 51; 1886, p. 61; 1887, p. 35.
(2) *Voyage en France*, traduction française, III, p. 219.
(3) Quénot, p. 312.
(4) *Annuaire*, 1843, p. 48; 1844, p. 47, 49.
(5) *Annuaire statistique de France*, 1887, p. 40, 48.

pent les hommes, 3,690 les femmes (1). Le même fait se produit dans la France entière, où, pour 100 décès féminins, on remarque 107 décès masculins.

Il n'existe aucun document qui puisse apprendre quelle était aux divers âges la mortalité dans l'Angoumois au XVIII° siècle; le seul qui donne quelques renseignements à ce sujet est le tableau que publie Quénot et qui relate le chiffre de la population aux divers âges, encore n'éclaire-t-il qu'indirectement et insuffisamment cette question. Mais, au milieu du XIX° siècle, la statistique devient plus précise et offre quelques renseignements sur ce point : sur 6,601 décès en 1844, 2,050, soit un peu plus du tiers, se produisent de moins de 1 à 10 ans, 340 de 10 à 20 ans, 525 de 20 à 30 ans, 546 de 30 à 40 ans, 459 de 40 à 50 ans, 540 de 50 à 60 ans, 935 de 60 à 70 ans, 1,357 de l'âge de 70 ans à celui de 80, 558 de 80 à 90 ans, et enfin 71 de 90 à 100 ans (2). En 1884, on voit que le quart des décès dans la Charente porte sur les êtres humains de 1 à 15 ans ; la mortalité enfantine est donc moins grande qu'au milieu du siècle, où elle était, dans l'Angoumois, d'un tiers; de 15 à 40 ans, on constate 978 décès; de 40 à 70 ans, 2,377; de 70 à 100 ans, 2,568 décès (3).

Si, maintenant, on recherche la mortalité des deux sexes, masculin et féminin, aux divers âges de la vie, on voit qu'en 1844, pour 1,098 décès masculins de 1 à 10 ans, il y en a 952 féminins; en 1884, 1,055 décès pour le sexe masculin et 850 décès féminins. De 10 à 20 ans, en 1844, il y a 162 décès masculins et 178 féminins; en 1884, 117 décès masculins et 173

(1) Annuaire statistique de France, 1887, p. 14; 1886, p. 40-41.
(2) Calculs de l'auteur d'après les chiffres donnés en 1884 par l'Annuaire, p. 47, 49.
(3) Ibid., 1887, p. 24.

décès féminins. De 20 à 30 ans, en 1844, on compte 276 décès masculins et 249 décès féminins; même proportion en 1884 : 252 d'un côté et 217 de l'autre. De 30 à 40 ans, on constate en 1844 parmi les hommes 223 décès, parmi les femmes 233; en 1884, d'un côté 153 décès et de l'autre 192, c'est-à-dire même résultat. De 40 à 50 ans, la statistique de 1844 donne 230 décès masculins contre 229 décès féminins, et en 1884, 228 pour les uns et 243 pour les autres. De 50 à 60 ans, en 1844, 239 décès masculins sont signalés et 301 féminins; en 1884, il y a du côté des hommes 276 décès et 378 du côté des femmes.

Il est donc permis de conclure que pendant l'enfance, dans l'Angoumois, la mort frappe surtout le sexe masculin, et que pendant la jeunesse et l'âge mûr il frappe surtout le sexe féminin, à cause de la faiblesse plus grande de ce dernier et des travaux toujours rudes de la maternité. De même, la mortalité est plus grande parmi les femmes dans la période de la vieillesse jusqu'à l'âge de 75 ans; en 1844, de 60 à 70 ans, on compte, en effet, 418 décès masculins et 515 décès féminins, et de 70 à 80 ans, 575 décès d'un côté et 782 de l'autre. En 1884, de 60 à 70 ans, on remarque 556 décès masculins contre 696 féminins; de 70 à 80 ans, il y a 861 décès masculins et 766 féminins, mais le nombre des décès féminins est très rapproché de celui des décès masculins de 70 à 75 ans. De l'âge de 75 ans à celui de 100 ans, la mortalité est très grande parmi les femmes comme parmi les hommes. En 1884, le sexe masculin présente 286 décès et le sexe féminin 272, et de 90 à 100 ans, on aperçoit d'un côté 36 décès et de l'autre 35. En 1884, la statistique donne le chiffre de 337 pour les décès masculins de 80 à 90 ans et de 522 pour les décès féminins; de 90 à 100 ans, on relève enfin d'un côté 16 décès et de l'autre 66.

Ainsi, en résumé, depuis le XVIIIᵉ siècle, grâce aux lois protectrices de l'enfance, grâce aux progrès de l'hygiène et du bien-être, la mortalité infantile a notablement diminué : en l'espace d'un demi-siècle, elle est descendue dans l'Angoumois d'un tiers à un quart du chiffre des décès. Frappant principalement dans cette province le sexe masculin de 1 à 10 ans, la mort paraît surtout atteindre le sexe féminin dans les autres périodes de la vie; mais il semble aussi que plus de femmes que d'hommes parviennent à une vieillesse reculée, et qu'après avoir dépassé cinquante ans, la mort se fasse plus clémente pour elles.

La statistique démontre aussi que la mortalité a toujours été plus grande parmi les célibataires et les veufs ou veuves que parmi les hommes et les femmes mariés. En 1844, sur 79,161 hommes mariés, la mortalité est de 1,101 ; parmi 78,774 femmes mariées, elle est de 987. Au contraire, pour 8,784 veufs on rencontre 595 décès, et pour 17,499 veuves, 961 décès. Il est bien évident que la proportion des décès parmi les premiers est très inférieure à la proportion des décès parmi les seconds (1). La même proportion se retrouve en 1876, où, pour un chiffre près de dix fois plus élevé d'hommes et de femmes mariés, on ne trouve que 1,898 et 1,539 décès, tandis que, pour une proportion de veufs ou de veuves dix fois moins élevée, on rencontre 997 et 1,148 décès. En 1884, pour un chiffre semblable, on relève 1,487 décès parmi les hommes mariés et 826 parmi les veufs, 1,233 décès parmi les femmes mariées et 1,240 parmi les veuves. Et cette curieuse remarque s'applique même aux veufs et veuves âgés de moins de 40 ans. « Un garçon célibataire de 25 ans, dit Bertillon, a autant de chances de mourir qu'un homme marié

Mortalité comparée des célibataires, veufs, hommes mariés, etc.

_____

(1) *Annuaire*, 1848, p. 85.

de 50 ; un veuf de 25 à 30 ans a autant de chances de mourir qu'un garçon de 50 ans ou un homme marié de 57 » (1).

On n'a pas pour la Charente de chiffres précis indiquant le nombre des célibataires propres à la vie conjugale, c'est-à-dire âgés de 20 à 50 ans. Nous n'avons pu trouver que des renseignements sur le nombre comparatif des décès pour les célibataires de tout âge.

On voit qu'en 1844 il y a eu 1,779 décès parmi les célibataires du sexe masculin et 1,517 sur celui des célibataires du sexe féminin, sur 94,990 garçons et 88,685 filles, proportion un peu supérieure à celle des décès des hommes et des femmes mariés. Elle se retrouve en 1884, où l'on compte 1,528 décès parmi les célibataires du sexe masculin contre 1,487 décès parmi les hommes mariés, et 1,217 décès parmi les célibataires du sexe féminin contre 1,233 décès parmi les femmes mariées ; or, le chiffre des célibataires des deux sexes est supérieur à celui des hommes et femmes mariés. Il en résulte cette constatation consolante pour la morale que le mariage est non seulement plus utile à la société, mais encore à l'individu ; il exerce une heureuse influence sur ses habitudes, ses mœurs, ses devoirs, et assure, en même temps que la régularité de l'existence, sa prolongation. Telle est, du moins, la conclusion optimiste des statisticiens, sur laquelle il convient peut-être de ne pas trop insister.

De cette longue et minutieuse étude semblent ressortir quelques idées générales. Autant qu'on peut en juger, une grande amélioration a été apportée dans la vie humaine depuis le XVIIIᵉ siècle ; le chiffre de la population s'est partout accru, aussi bien dans l'Angoumois que dans le reste de la France. Le bien-être matériel,

(1) J. Bertillon, *Statistique humaine de la France*, p. 40.

l'accroissement des ressources de tout genre, le progrès apporté dans l'alimentation et l'hygiène, l'affranchissement des populations urbaines et rurales des charges du régime féodal paraissent en être les causes. En même temps, l'attrait de la vie urbaine, la progression énorme de l'industrie et du commerce, les changements dans l'exploitation agricole ont entraîné, dans l'Angoumois comme ailleurs, l'afflux de la population dans les villes au détriment des campagnes. De plus, le luxe croissant, les habitudes d'une existence plus douce, le penchant à l'égoïsme, qui caractérisent notre société, ont amené une légère décroissance dans le chiffre des mariages et une diminution effrayante dans celui des naissances, qui dépassent à peine le nombre des décès; la moralité, comme le constatent les économistes de notre époque, semble aussi atteinte par la progression des naissances illégitimes. Mais, en revanche, l'existence humaine, mieux protégée à tous les âges, est garantie davantage contre une mort prématurée, et la vie se prolonge plus longtemps qu'autrefois.

Rien n'est plus difficile que de dégager de ces faits contradictoires une conclusion au point de vue moral et social. Les uns, enthousiastes d'un passé qui eut ses mérites, se plaisent à constater à notre époque une décadence de la moralité, de la solidarité humaine, un penchant funeste à ce qu'on appelle d'un mot barbare l'individualisme; d'autres font ressortir avec raison que le présent a bien aussi ses avantages : que si nos populations ont moins de tendance à s'accroître, elles possèdent plus d'aisance, de bien-être, de jouissances intellectuelles et matérielles, et qu'à tout prendre la vie humaine est plus douce et plus aimable qu'aux siècles passés, et si l'espèce humaine a perdu à notre époque, l'homme, l'individu y a gagné. Et comme il n'existe pas de commune mesure entre ces diverses appréciations, il est difficile de se prononcer et d'affirmer si le progrès de la moralité est aussi considérable que celui des conditions matérielles de la vie.

En revanche, au point de vue exclusivement historique, on ne saurait nier qu'une transformation heureuse des institutions politiques, sociales, économiques n'ait été la cause de l'accroissement énorme de la population ; en un siècle, la France a acquis 12,000,000 d'habitants, et une petite province comme l'Angoumois, de 58,000 à 40,000. Il est, dès lors, bien évident que l'évolution de la société contemporaine a été plus rapide et plus étonnante que celle de la société ancienne. Sans doute, le présent n'est que la continuation du passé, « ce passé père du présent et gros de l'avenir », disait Leibnitz ; commencée au XVIe siècle, l'amélioration de l'   e économique, sociale et politique se poursuivait, malgré beaucoup d'obstacles, au XVIIIe siècle, avec rapidité ; mais combien plus grande encore a été l'impulsion que notre époque lui a donnée ! Envisagée ainsi, l'étude du mouvement de la population est l'une des preuves de cette évolution, et le spectacle qu'a offert un pays d'étendue restreinte comme l'Angoumois est en quelque sorte l'image réduite de celui qu'a présenté la France, et avec elle l'Europe entière.

APPENDICE

I.

L A liste des communautés relevant des châtellenies est
incomplète dans Michon et Babinet de Rencogne; elle
est de plus extrêmement confuse; à l'aide des documents
de la série C des archives de la Charente, n°s 3, 29 et 30, et
du tome II du *Commentaire* de Souchet, cette liste a été
complétée. Le tableau comparé des divisions territoriales
est donc rédigé sur un plan tout nouveau, et on s'est efforcé
d'y mettre le plus d'ordre et de clarté possible. Le tableau
des paroisses, dans Michon et Babinet de Rencogne, est
aussi très incomplet; il a été complété à l'aide de la série C,
n°s 29, 30 et 50, 51. Enfin, celui des élections est entièrement
nouveau en ce qui concerne les élections d'Angoulême et de
Confolens; la liste des collectes des élections de Cognac,
Barbezieux et Saint-Jean-d'Angély est tirée du mémoire de
l'intendant Bégon publié au tome II des *Archives histori-*
ques de la Saintonge. La concordance entre le nombre des
communautés, justices, paroisses, collectes est très difficile
à établir; on y peut cependant parvenir, et on a essayé d'y
arriver en dressant les tableaux comparés qui suivent :

TABLEAU COMPARÉ DES DIVISIONS TERRITORIALES ACTUELLES ET ANCIENNES.

Divisions actuelles.	Diocèses et archiprêtrés.	Élections et subdélégations. (1)	Châtellenies.
Angoulême (1er canton)	Angoulême	Angoulême	Angoulême.
Dirac	Angoulême	Saint-Jean-d'Angély et Angoulême.	Dirac.
La Couronne	Angoulême	Angoulême	Angoulême et La Couronne.
Estèphe (Saint-)	Angoulême (Jurignac)	Cognac	Châteauneuf.
Michel (Saint-)	Angoulême	Angoulême	Angoulême.
Nersac	Angoulême	Angoulême	Angoulême.
Puymoyen	Angoulême (Torsac)	Angoulême	Angoulême et Saint-Pierre d'Angoulême.
Rouillet	Angoulême	Angoulême	Châteauneuf et Saint-Cybard.
Vœuil	Angoulême (Torsac)	Angoulême	Angoulême.
Balzac (2e canton)	Angoulême (Vars)	Angoulême	Angoulême.
Bouex	Angoulême	Angoulême	Marthon.
Champniers	Angoulême (Vars)	Angoulême	Angoulême.
Fléac	Angoulême	Angoulême	Angoulême et Saint-Pierre d'Angoulême.
Garat	Angoulême	Angoulême	Angoulême.

(1) Quelques subdélégations seules sont indiquées.

Divisions actuelles.	Diocèses et archiprêtrés.	Élections et subdélégations.	Châtellenies.
L'Houmeau	Angoulême.	Angoulême.	Angoulême.
L'Isle	Angoulême.	Angoulême.	Angoulême et Saint-Pierre d'Angoulême.
Magnac	Angoulême.	Angoulême.	Angoulême.
Mornac	Angoulême.	Angoulême.	Angoulême.
Ruelle	Angoulême.	Angoulême.	Angoulême.
Soyaux	Angoulême.	Angoulême.	Angoulême et Saint-Pierre d'Angoulême.
Touvre	Angoulême.	Angoulême.	Angoulême.
Yrieix (Saint-)	Angoulême.	Angoulême.	Angoulême.
Amant-de-Boixe (Saint-)	Angoulême (Vars).	Cognac	Montignac.
Ambérac	Angoulême (Ambérac).	Cognac	Montignac (?)
Anais	Angoulême (Jauldes).	Cognac	Montignac.
Aussac	Angoulême (Jauldes).	Cognac	Montignac.
Chapelle (La)	Angoulême (Ambérac).	Cognac	Montignac (?)
Chebrac	Angoulême (Vars).	Cognac	Montignac.
Coulonges	Saintes.	Cognac	Montignac.
Maine-de-Boixe	Angoulême (Saint-Ciers).	Saint-Jean-d'Angély	Montignac (?)

Divisions actuelles.	Diocèses et archiprêtrés.	Élections et subdélégations.	Châtellenies.
Marsac.	Angoulême (Saint-Genis).	Saint-Jean-d'Angély	Vars.
Montignac.	Angoulême (Vars).	Cognac	Montignac.
Nanclars.	Angoulême (Saint-Ciers).	Cognac	Montignac et Mansle.
Tourriers.	Angoulême (Jauldes).	Cognac	Montignac.
Vars.	Angoulême (Ambérac).	Saint-Jean-d'Angély	Vars.
Vervant.	Angoulême (Ambérac).	Cognac	Montignac.
Villejoubert.	Saintes.	Cognac	Montignac.
Vouharte.	Angoulême (Ambérac).	Cognac	Vouharte. La Rochefou-cauld.
Xambes.	Angoulême (Ambérac).	Cognac	Montignac.
Aignes-et-Puypéroux.	Angoulême (Pérignac).	Angoulême	Blanzac.
Aubeville.	Saintes.	Angoulême	Blanzac.
Bécheresse.	Angoulême (Pérignac).	Angoulême	Blanzac.
Blanzac.	Angoulême (Pérignac).	Angoulême	Blanzac.
Chadurie.	Angoulême (Pérignac).	Angoulême (Chaux)	Montmoreau.
Champagne.	Angoulême (Pérignac).	Angoulême	Blanzac.
Claix.	Angoulême (Jurignac).	Angoulême (Angoulême)	Blanzac.

Divisions actuelles.	Diocèses et archiprêtrés.	Élections et subdélégations.	Châtellenies.
Cressac	Saintes	Angoulême	Blanzac.
Saint-Genis	Saintes	Angoulême	Blanzac.
Jurignac	Angoulême (Jurignac)	Angoulême	Châteauneuf, Bouteville et Blanzac.
Étriac	Angoulême (Jurignac)	Angoulême	Bouteville et Blanzac.
Saint-Léger	Angoulême (Pérignac)	Angoulême	Blanzac.
Mainfonds	Angoulême (Jurignac)	Angoulême	Bouteville et Blanzac.
Péreuil	Angoulême (Jurignac)	Angoulême	Blanzac.
Pérignac	Angoulême (Pérignac)	Angoulême	Blanzac.
Plassac	Angoulême (Jurignac)	Angoulême et Barbézieux	Châteauneuf et Blanzac.
Porcheresse	Angoulême (Pérignac)	Angoulême	Blanzac.
Rouffiac	Angoulême (Pérignac)	Cognac	Blanzac.
Voulgézac	Angoulême (Pérignac)	Angoulême et Cognac	Blanzac.
Amant-de-Nonère (Saint-)	Angoulême (Saint-Genis)	Cognac	Montignac.
Asnières	Angoulême (Saint-Genis)	Angoulême	Angoulême et Saint-Pierre d'Angoulême.
Champmillon	Angoulême (Châteauneuf)	Cognac	Châteauneuf et Saint-Cybard.
Douzat	Angoulême (Saint-Genis)	Angoulême	Angoulême.

Divisions actuelles.	Diocèses et archiprêtrés.	Élections et subdélégations.	Châtellenies.
Echallat	Saintes	Cognac	Châteauneuf.
Genis (Saint—)	Angoulême (Saint—Genis)	Cognac (?)	Montignac et Saint—Genis.
Hiersac	Angoulême (Rouillac)	Angoulême (Ange)	Angoulême.
Linars	Angoulême (Saint—Genis)	Angoulême	Angoulême.
Mouthiars	Angoulême (Rouillac)	Cognac	Châteauneuf.
Saint-Saturnin	Angoulême (Châteauneuf)	Angoulême	Angoulême et Saint—Saturnin.
Sireuil	Angoulême (Châteauneuf)	Angoulême et Cognac	Châteauneuf, Bouteville et Angoulême.
Trois-Palis	Angoulême (Châteauneuf)	Angoulême	Angoulême.
Vindelle	Angoulême (Ambérac)	Angoulême	Angoulême et Vindelle.
Vilhonneur	Angoulême (Orgedeuil)	Angoulême	Marthon, Montbron.
Yvrac-et-Mallerant	Angoulême (Saint-Projet)	Angoulême	Montbron.
Bignac	Angoulême (Saint—Genis)	Cognac	Montignac.
Bonneville	Angoulême (Rouillac)	Cognac (?)	
Courbillac	Saintes (Jarnac)	Cognac	Jarnac.
Saint-Cybardeaux	Angoulême (Rouillac)	Cognac	Montignac.
Genac	Angoulême (Rouillac)	Cognac	Genac.

Divisions actuelles.	Diocèses et archiprêtrés.	Élections et subdélégations.	Châtellenies.
Mareuil.	Saintes (Jarnac).	Cognac.	Jarnac.
Plaizac.	Saintes (Jarnac).	Cognac.	Jarnac.
Rouillac.	Angoulême (Rouillac).	Cognac.	Montignac et Rouillac.
Sonneville.	Saintes.	Cognac.	Montignac et Sonneville.
Temple (Le).	Saintes.	Cognac.	Jarnac (?).
Vaux-Rouillac.	Saintes.	Cognac.	Jarnac.
Beaulieu-Cloulas.	Angoulême.	Angoulême (Dignac).	Lavalette.
Blanzaguet.	Périgueux (Le Peyrat).	Angoulême.	Lavalette.
Charmant.	Angoulême (Torsac).	Cognac.	Charmant.
Chavenat.	Angoulême (Pérignac).	Angoulême.	Lavalette.
Combiers.	Périgueux (Goâts).	Angoulême.	La Rochebeaucourt.
Cybard-le-Peyrat (Saint-).	Périgueux (Le Peyrat).	Angoulême.	Lavalette.
Dignac.	Angoulême (Garat).	Angoulême.	Lavalette.
Édon.	Périgueux.	Angoulême.	La Rochebeaucourt.
Fouquebrune.	Angoulême (Torsac).	Angoulême.	Lavalette.
Gardes.	Périgueux (Le Peyrat).	Angoulême.	Lavalette.

Divisions actuelles.	Diocèses et archiprêtrés.	Élections et subdélégations.	Châtellenies.
Garat...............	Périgueux (Le Peyrat)....	Angoulême..........	Lavalette.
Juillaguet..........	Angoulême (Torsac)....	Cognac............	Juillaguet.
Charras............	Angoulême (Grassac)....	Angoulême..........	Marthon.
Fouras.............	Angoulême (Orgedeuil)..	Angoulême (Montbron)..	Marthon et Montbron.
Germain (Saint-)....	Angoulême (Grassac)....	Angoulême..........	Marthon.
Grassac............	Angoulême (Grassac)....	Angoulême..........	Marthon.
Mainzac............	Angoulême (Grassac)....	Angoulême..........	Marthon.
Marthon............	Angoulême (Grassac)....	Angoulême..........	Marthon.
Montbron...........	Angoulême (Orgedeuil)..	Angoulême..........	Montbron.
Orgedeuil..........	Angoulême (Orgedeuil)..	Angoulême..........	Montbron.
Rouzède............	Limoges............	Angoulême..........	Marthon et Montbron.
Sor711 (Saint-).....	Angoulême (Orgedeuil)..	Angoulême..........	Montbron.
Vouthon............	Angoulême (Orgedeuil)..	Angoulême..........	Montbron et Marthon.
Agris..............	Angoulême (Saint-Projet).	Angoulême..........	Angoulême et La Roche-foucauld.
Brie...............	Angoulême..........	Angoulême..........	Angoulême.

Divisions actuelles.	Diocèses et archiprêtrés.	Élections et subdélégations.	Châtellenies.
Bunzac	Angoulême (Saint-Projet).	Angoulême.	Angoulême et La Rochefoucauld.
Chazelles	Angoulême (Grassac).	Angoulême.	Marthon.
Constant (Saint-)	Angoulême (Saint-Projet).	Angoulême.	La Rochefoucauld.
Jauldes	Angoulême (Jauldes).	Cognac.	Angoulême, Montignac et Jauldes.
Marillac	Angoulême (Saint-Projet).	Angoulême.	La Rochefoucauld et Montbron.
Paul (Saint-)	Angoulême (Grassac).	Angoulême.	Marthon.
Pranzac	Angoulême (Grassac).	Angoulême.	Aunac.
Projet (Saint-)	Angoulême (Saint-Projet).	Angoulême.	La Rochefoucauld.
Rancogne	Angoulême (Saint-Projet).	Angoulême.	La Rochefoucauld, Marthon et Montbron.
Rivières	Angoulême (Saint-Projet).	Angoulême.	La Rochefoucauld.
Rochefoucauld (La)	Angoulême (Saint-Projet).	Angoulême.	La Rochefoucauld.
Rochette (La)	Angoulême (Jauldes).	Angoulême.	Angoulême et La Rochefoucauld.
Magnac-Lavalette	Angoulême (Torsac).	Angoulême.	Lavalette.
Ronsenac	Périgueux.	Angoulême.	Lavalette.
Rougnac	Périgueux.	Angoulême.	Lavalette et La Rochebeaucourt.
Sers	Angoulême (Garat).	Angoulême.	Lavalette.

Divisions actuelles.	Diocèses et archiprêtrés.	Élections et subdélégations.	Châtellenies.
Torsac	Angoulême (Torsac)	Angoulême	Lavalette.
Lavalette	Périgueux (Le Peyrat)	Angoulême	Lavalette.
Vaux–Lavalette	Périgueux (Pillac)	Angoulême	Lavalette.
Villars	Angoulême (Garat)	Angoulême	Montignac et Lavalette.
Vouzan	Angoulême (Grassac)	Angoulême	Marthon.
Aubeterre	Périgueux (Pillac)	Angoulême (Aubeterre)	Aubeterre.
Bellon	Périgueux (Pillac)	Angoulême	Aubeterre.
Bonnes	Périgueux (Pillac)	Angoulême	Aubeterre.
Essards (Les)	Périgueux	Angoulême	Aubeterre.
Menècle (La)	Périgueux	Angoulême	Aubeterre.
Martial (Saint–)	Périgueux (Pillac)	Angoulême	Aubeterre.
Montignac	Périgueux (Pillac)	Angoulême	Aubeterre.
Nabinaud	Périgueux	Angoulême	Aubeterre.
Pillac	Périgueux (Pillac)	Angoulême	Aubeterre.
Laprade	Périgueux	Angoulême	Aubeterre.
Romain (Saint–)	Périgueux (Pillac)	Angoulême	Lavalette et Aubeterre.

Divisions actuelles.	Diocèses et archiprêtrés.	Élections et subdélégations.	Châtellenies.
Rouffiac.	Périgueux (Pillac).	Angoulême.	Aubeterre.
Séverin (Saint-).	Périgueux (Pillac).	Angoulême.	Châteauneuf et Saint-Séverin.
Bors.	Saintes (Montendre).	Angoulême.	Chaux.
Chantillac.	Saintes (Montendre).	Angoulême.	Montausier et Chaux.
Radégonde (Sainte-).	Saintes.	Angoulême.	Montausier.
Tâtre (Le).	Saintes.	Angoulême.	Montausier.
Touvérac.	Saintes.	Angoulême.	Montausier.
Angeduc.	Saintes.	Angoulême (Blanzac).	Blanzac.
Bonnet (Saint-).	Saintes (Chalais).	Barbezieux.	Blanzac.
Conzac.	Saintes (Chalais).	Angoulême (Blanzac).	Blanzac.
Ladiville.	Saintes (Bouteville).	Angoulême (Blanzac).	Bouteville et Blanzac.
Palais (Saint-).	Saintes (Bouteville).	Barbezieux.	Bouteville et Chaux.
Vignolles.	Saintes (Chalais).	Barbezieux.	Blanzac.
Boisbreteau.	Saintes (Chalais).	Barbezieux (?).	Montausier (?).

Divisions actuelles.	Diocèses et archiprêtrés.	Élections et subdélégations.	Châtellenies.
Christophe (Saint-)	Périgueux	Angoulême (Aubeterre)	Aubeterre.
Courlac	Périgueux (Pillac)	Angoulême	Aubeterre.
Orival	Périgueux (Pillac)	Angoulême	Aubeterre.
Quentin (Saint-)	Périgueux (Pillac)	Angoulême	Aubeterre.
Amant de Montmoreau (St-)	Périgueux	Angoulême (Montmoreau)	Montmoreau et St-Amant.
Bessac	Saintes (Chalais)	Angoulême (Blanzac)	Blanzac.
Bors	Périgueux (Pillac)	Angoulême (Aubeterre)	Aubeterre.
Courgeac	Angoulême (Pérignac)	Angoulême (Blanzac)	Blanzac.
Cybard (Saint-)	Angoulême (Pérignac)	Angoulême (Montmoreau)	Montmoreau et St-Cybard.
Deviat	Saintes (Chalais)	Angoulême (Blanzac)	Blanzac.
Eutrope (Saint-)	Angoulême (Pérignac)	Angoulême (Montmoreau)	Montmoreau.
Juignac	Périgueux (Pillac)	Angoulême (Aubeterre)	Aubeterre.
Laurent (Saint-)	Angoulême (Pérignac)	Angoulême (Blanzac)	Blanzac.
Martial (Saint-)	Périgueux ou Saintes	Barbezieux	Saint-Martial.
Montmoreau	Angoulême (Pérignac)	Angoulême	Montmoreau.
Nonac	Saintes (Chalais)	Angoulême (Blanzac)	Blanzac.

Divisions actuelles.	Diocèses et archiprêtrés.	Élections et subdélégations.	Châtellenies.
Palluaud	Périgueux (Pillac)	Angoulême (Montmoreau)	Palluaud.
Peudry	Angoulême (?)	Angoulême (Montmoreau)	Peudry.
Salles-Lavalette	Périgueux (Pillac)	Angoulême (Lavalette)	Lavalette.
Amant-de-Graves (Saint-)	Angoulême (Châteauneuf)	Cognac	Vibrac.
Angeac-Charente	Angoulême (Châteauneuf)	Cognac	Vibrac.
Birac	Angoulême (Jurignac)	Cognac	Châteauneuf.
Bonneuil	Saintes (Bouteville)	Cognac	Bouteville.
Bouteville	Saintes (Bouteville)	Cognac	Bouteville.
Châteauneuf	Angoulême (Châteauneuf)	Cognac	Châteauneuf.
Braville	Angoulême (Châteauneuf)	Cognac	Bouteville.
Graves	Saintes (Bouteville)	Cognac	Cognac.
Malaville	Saintes (Bouteville)	Cognac	Bouteville.
Mosnac	Angoulême (Châteauneuf)	Cognac	Châteauneuf.
Nonaville	Saintes (Bouteville)	Cognac	Bouteville.
Preuil (Saint-)	Saintes (Bouteville)	Cognac	Bouteville.
Simeux (Saint-)	Angoulême (Châteauneuf)	Cognac	Châteauneuf.

Divisions actuelles.	Diocèses et archiprêtrés.	Élections et subdélégations.	Châtellenies.
Simon (Saint-)	Angoulême (Châteauneuf).	Cognac	Vibrac.
Surin (Saint-)	Angoulême (Châteauneuf).	Cognac	Cognac (?).
Touzac	Saintes (Bouteville).	Cognac	Bouteville.
Vibrac	Angoulême (Châteauneuf).	Cognac	Vibrac.
Viville	Saintes	Cognac	Bouteville.
André (Saint-)	Saintes (Jarnac).	Cognac	Cognac.
Ars	Saintes	Cognac	Cognac (?).
Boutiers	Saintes (Jarnac).	Cognac	Cognac.
Bréville	Saintes (Jarnac).	Cognac	Jarnac.
Brice (Saint-)	Saintes	Cognac	Cognac.
Château-Bernard	Saintes	Cognac	Cognac.
Cherves	Saintes (Jarnac).	Cognac	Cognac.
Crouin	Saintes (Jarnac).	Cognac	Cognac.
Cognac	Saintes (Jarnac).	Cognac	Cognac.
Gimeux	Saintes (Bouteville).	Cognac	Cognac.
Javrezac	Saintes (Jarnac).	Cognac et Barbezieux	Cognac.

Divisions actuelles.	Diocèses et archiprêtrés.	Élections et subdélégations.	Châtellenies.
Laurent (Saint-)	Saintes (Jarnac)	Cognac	Cognac.
Louzac	Saintes (Jarnac)	Cognac et Barbezieux	Cognac.
Martin (Saint-)	Saintes (Bouteville)	Cognac	Cognac.
Merpins	Saintes (Bouteville)	Cognac	Merpins.
Mesnac	Saintes (Jarnac)	Cognac	Cognac.
Richemont	Saintes	Cognac et Barbezieux	Cognac.
Sulpice (Saint-)	Saintes (Jarnac)	Cognac	Cognac.
Trojan (Saint-)	Saintes	Cognac	Cognac.
Bassac	Saintes (Jarnac)	Cognac	Bassac.
Chassors	Saintes (Jarnac)	Cognac	Cognac et Jarnac.
Fleurac	Saintes	Cognac	Fleurac.
Foussignac	Saintes (Jarnac)	Cognac	Jarnac.
Houlette	Saintes (Jarnac)	Cognac	Jarnac.
Jarnac	Saintes (Jarnac)	Cognac	Jarnac.
Mérignac	Angoulême (Rouillac)	Cognac	Châteauneuf et Jarnac.
Métairies [Les]	Saintes	Cognac	Jarnac.

Divisions actuelles.	Diocèses et archiprêtrés.	Élections et subdélégations.	Châtellenies.
Nercillac	Saintes (Jarnac)	Cognac	Jarnac.
Réparsac	Saintes (Jarnac)	Cognac	Jarnac.
Sévère (Sainte-)	Saintes (Jarnac)	Cognac	Jarnac.
Sigogne	Saintes (Jarnac)	Cognac	Montignac et Jarnac.
Triac	Saintes	Cognac	Jarnac.
Ambleville	Angoulême (Jurignac) et Saintes (Bouteville)	Cognac	Bouteville et Ambleville.
Angeac–Champagne	Saintes (Bouteville)	Cognac	Vibrac.
Angles	Saintes	Cognac	Bouteville et Cognac.
Bourg–Charente	Saintes (Bouteville)	Cognac	Cognac.
Criteuil	Saintes (Bouteville)	Cognac	Bouteville et Ambleville.
Fort (Saint-)	Saintes (Bouteville)	Cognac	Bouteville.
Gensac	Saintes (Bouteville)	Cognac	Bouteville et Cognac.
Genté	Saintes (Bouteville)	Cognac	Cognac.
Goadeville	Saintes	Cognac	Gondeville.
Juillac	Saintes	Cognac	Ambleville.
Lignières	Saintes (Bouteville)	Cognac	Bouteville.

Divisions actuelles.	Diocèses et archiprêtrés.	Élections et subdélégations.	Châtellenies.
La Magdeleine	Saintes (Bouteville)	Cognac	Cognac (?).
Mainxe	Saintes (Bouteville)	Cognac	Bouteville et Mainxe.
Même (Saint-)	Saintes	Cognac	Saint-Même.
Pallue (La)	Saintes	Cognac	Bouteville.
Salles	Saintes (Bouteville)	Cognac	Cognac.
Segonzac	Saintes (Bouteville)	Cognac	Bouteville.
Sonneville	Saintes (Bouteville)	Cognac	Bouteville et Ambleville.
Verrières	Saintes (Bouteville)	Cognac	Jarnac et Ambleville.
Ambernac	Poitiers (Ambernac)	Angoulême	Confolens et Loubert.
Ansac	Poitiers (Ambernac)	Angoulême	La Vilatte-Confolens.
Confolens	Poitiers (Ambernac) et Limoges.	Confolens	Confolens.
Épenède	Poitiers (Ambernac)	Angoulême	La Vilatte-Confolens.
Hiesse	Poitiers (Ambernac)	Angoulême	La Vilatte-Confolens.
Manot	Limoges (Saint-Junien)	Angoulême	Loubert.
Christophe (Saint-)	Limoges (Saint-Junien)	Confolens et Angoulême	Confolens.

Divisions actuelles.	Diocèses et archiprêtrés.	Élections et subdélégations.	Châtellenies.
Esse	Limoges (Saint-Junien)	Angoulême	Confolens.
Lesterps	Limoges (Saint-Junien)	Angoulême	Confolens.
Maurice (Saint-)	Limoges (Saint-Junien)	Angoulême	Chabanais et Confolens.
Chabanais	Limoges (Saint-Junien)	Angoulême	Chabanais.
Chabrac	Limoges (Saint-Junien)	Angoulême	Chabanais.
Chassenon	Limoges (Saint-Junien)	Confolens et Angoulême	Chabanais.
Chirac	Limoges (Saint-Junien)	Angoulême	Chabanais et Confolens.
Étagnat	Limoges (Saint-Junien)	Angoulême	Chabanais.
Exideuil	Limoges (Saint-Junien)	Angoulême	Chabanais.
La Péruze	Limoges (Saint-Junien)	Confolens et Angoulême	Loubert.
Pressignac	Limoges (Saint-Junien)	Confolens et Angoulême	Chabanais.
Quentin (Saint-)	Limoges (Saint-Junien)	Confolens et Angoulême	Chabanais.
Roumazières	Limoges (Saint-Junien)	Angoulême	Loubert.
Saulgond	Limoges (Saint-Junien)	Angoulême	Chabanais et Confolens.
Suris	Limoges (Saint-Junien)	Angoulême	Chabanais et Loubert.

Divisions actuelles.	Diocèses et archiprêtrés.	Élections et subdélégations.	Châtellenies.
Beaulieu	Angoulême (Saint-Claud).	Saint-Jean-d'Angély	Sansac, Cellefrouin.
Chantrezac	Angoulême (Saint-Claud).	Angoulême	Loubert.
Chasseneuil	Angoulême (Chasseneuil).	Angoulême	Aunac et Mæstric, La Rochefoucauld.
Claud (Saint-)	Angoulême (Saint-Claud).	Angoulême et Confolens.	Saint-Claud.
Genouillac	Limoges (Saint-Junien).	Angoulême	Loubert.
Lapiaud	Limoges (Saint-Junien).	Angoulême	Loubert.
Loubert	Limoges (Saint-Junien).	Angoulême	Loubert.
Lussac	Angoulême (Chasseneuil).	Angoulême	La Rochefoucauld.
Mary (Saint-)	Angoulême (Chasseneuil).	Angoulême	Aunac.
Mazières	Angoulême (Chasseneuil).	Confolens	Montbron.
Suaux	Angoulême (Chasseneuil).	Angoulême	Marthon et Montbron.
Adjutory (Saint-)	Angoulême (Chasseneuil).	Angoulême	La Rochefoucauld et Montbron.
Cherves	Angoulême (Chasseneuil).	Angoulême	Marthon et Montbron.
Châtelars	Angoulême (Chasseneuil).	Angoulême	Marthon et Montbron.
Fleurignac	Angoulême (Chasseneuil).	Angoulême	La Rochefoucauld et Montbron.
Lézignac-Durand	Limoges (Saint-Junien).	Angoulême (Chabanais).	Chabanais.

Divisions actuelles.	Diocèses et archiprêtrés.	Élections et subdélégations.	Châtellenies.
Le Lindois.............	Limoges (Saint-Junien)..	Angoulême (Montbron)...	Chabanais et Montbron
Massignac.............	Limoges (Saint-Junien)..	Angoulême (Chabanais)...	Chabanais.
Mazerolles............	Angoulême (Orgedeuil)..	Angoulême (Montbron)...	Marthon et Montbron.
Mouzon...............	Limoges (Saint-Junien)..	Angoulême (Chabanais)...	Chabanais.
Roussines.............	Limoges (Saint-Junien)..	Angoulême............	Roussines.
Sauvagnac............	Limoges (Saint-Junien)..	Angoulême............	Sauvagnac, La Rochefoucauld et Chabanais.
Taponnat.............	Angoulême (Chasseneuil).	Angoulême............	La Rochefoucauld.
Verneuil.............	Limoges (Saint-Junien)..	Angoulême............	Chabanais.
Bessé................	Poitiers (Bionssac)......	Angoulême............	Angoulême.
Charmé...............	Poitiers (Ruffec)........	Angoulême............	Ruffec.
Ebréon...............	Poitiers...............	Angoulême............	Angoulême.
Ligné................	Poitiers (Ruffec)........	Angoulême............	Nanteuil.
Luxé.................	Angoulême (Saint-Ciers).	Cognac	Aunac.
Amant-de-Bonnieure (Sᵗ).	Angoulême (Saint-Ciers).	Angoulême............	La Rochefoucauld.
Angeau (Saint-)........	Angoulême (Saint-Ciers)..	Angoulême............	La Rochefoucauld.

Divisions actuelles.	Diocèses et archiprêtrés.	Élections et subdélégations.	Châtellenies.
Aunac.	Angoulême (Saint-Ciers).	Angoulême.	Aunac et Verteuil.
Bayers.	Poitiers.	Angoulême.	Verteuil.
Cellefrouin.	Angoulême (Saint-Claud).	Saint-Jean-d'Angély.	Sansac et Cellefrouin.
Cellettes.	Angoulême (Saint-Ciers).	Angoulême.	Montignac.
Ciers (Saint-).	Angoulême (Saint-Ciers).	Angoulême.	La Rochefoucauld.
Chenommet.	Poitiers (Ruffec).	Angoulême.	Aunac et Verteuil.
Chenon.	Poitiers (Ruffec).	Angoulême.	Verteuil.
Colombe (Sainte-).	Angoulême (Saint-Ciers).	Angoulême.	La Rochefoucauld.
Fontclaireau.	Angoulême (Saint-Ciers).	Angoulême.	Verteuil.
Fontenille.	Angoulême (Saint-Ciers).	Angoulême.	Aunac et Verteuil.
Groux (Saint-).	Angoulême (Saint-Ciers).	Angoulême.	Châteaurenaud.
Front (Saint-).	Angoulême (Saint-Ciers).	Angoulême.	Aunac et Verteuil.
Juillé.	Poitiers (Ruffec).	Angoulême.	Ruffec et Angoulême.
Lichères.	Angoulême (Saint-Ciers).	Angoulême.	Aunac et Verteuil.
Lonnes.	Poitiers.	Angoulême.	Ruffec.
Mansle.	Angoulême (Saint-Ciers).	Cognac.	Mansle.

Divisions actuelles.	Diocèses et archiprêtrés.	Élections et subdélégations.	Châtellenies.
Moutonneau	Angoulême (Saint-Ciers)	Angoulême	Verteuil.
Puyréaux	Angoulême (Saint-Ciers)	Cognac	Montignac et Mansle.
Tâche (La)	Angoulême (Saint-Ciers)	Saint—Jean—d'Angély	Sansac et Cellefrouin.
Valence	Angoulême (Saint-Ciers)	Angoulême	La Rochefoucauld.
Ventouse	Angoulême (Saint-Ciers)	Saint—Jean—d'Angély	Verteuil, Sansac et Celle-frouin.
Villognon	Angoulême (Ambérac)	Cognac	Montignac.
Adjots (Les)	Poitiers (Ruffec)	Angoulême	Ruffec.
Barro	Poitiers (Ruffec)	Angoulême	Verteuil.
Bioussac	Poitiers (Bioussac)	Angoulême	Ruffec.
Coulac	Poitiers (Ruffec)	Angoulême	Ruffec.
Couture	Angoulême (Saint-Ciers)	Angoulême	Couture et La Rochefou-cauld.
Gervais (Saint—)	Poitiers (Ruffec)	Angoulême	Nanteuil.
Georges (Saint—)	Poitiers (Ruffec)	Angoulême	Verteuil.
Gourçon (Saint—)	Angoulême (Saint-Claud)	Angoulême	Verteuil.
Messeux	Poitiers (Ruffec)	Angoulême	Nanteuil.
Mouterdon	Poitiers (Ruffec)	Angoulême	Nanteuil.

Divisions actuelles.	Diocèses et archiprêtrés.	Élections et subdélégations.	Châtellenies.
Nanteuil	Poitiers (Ruffec)	Angoulême	Nanteuil.
Pougné	Poitiers (Ruffec)	Angoulême	Nanteuil.
Poursac	Angoulême (Saint-Claud).	Angoulême	Verteuil.
Ruffec	Poitiers (Ruffec)	Angoulême	Ruffec.
Taizé–Aizie	Poitiers (Ruffec)	Angoulême	Ruffec.
Sulpice (Saint–)	Angoulême (Saint-Claud).	Angoulême	Verteuil.
Verteuil	Poitiers (Ruffec)	Angoulême	Verteuil.
Villegats	Poitiers (Ruffec)	Angoulême	Ruffec.
Vieux–Ruffec	Poitiers (Ruffec)	Angoulême	Nanteuil.
Bernac	Poitiers	Angoulême	Ruffec.
Brettes	Poitiers (Bouin)	Angoulême	Ruffec.
Chèvrerie (La)	Poitiers	Angoulême	Ruffec.
Coulgens (La Rochefoucauld).	Angoulême	Angoulême et Cognac	Angoulême et La Roche-foucauld.
Embourie	Poitiers (Bouin)	Angoulême	Nanteuil.
Empuré	Poitiers (Bouin)	Angoulême	Ruffec.
Faye (La)	Poitiers (Ruffec)	Angoulême	Ruffec.

Divisions actuelles.	Diocèses et archiprêtrés.	Élections et subdélégations.	Châtellenies.
Forêt-de-Tessé (La)	Poitiers (Bouin)	Angoulême	Ruffec.
Londigny	Poitiers (Ruffec)	Angoulême	Ruffec et Nanteuil.
Longré	Poitiers (Bouin)	Angoulême	Ruffec.
Magdeleine (La)	Poitiers (Ruffec)	Angoulême	Ruffec.
Martin (Saint-)	Poitiers (Ruffec)	Angoulême	Ruffec.
Montjean	Poitiers (Ruffec)	Angoulême	Ruffec.
Paizay	Poitiers (Bouin)	Angoulême	Ruffec.
Raix	Poitiers (Bouin)	Angoulême	Ruffec.
Salles	Poitiers (Ruffec)	Angoulême	Ruffec et Nanteuil.
Souvigné	Poitiers (Ruffec)	Angoulême	Ruffec.
Theil-Rabier	Poitiers (Bouin)	Angoulême	Ruffec.
Tuzie	Poitiers	Angoulême	Ruffec.
Villefagnan	Poitiers (Ruffec)	Angoulême	Ruffec.
Villiers-Leroux	Poitiers (Ruffec)	Angoulême	Ruffec.

ANCIENNES PAROISSES OU COMMUNAUTÉS DE L'ANGOUMOIS.

Divisions actuelles.	Diocèses et archiprêtrés.	Élections et subdélégations.	Châtellenies.
Paypéroux (Aignes)	Saintes (?)	Angoulême	Cognac.
Saint-Étienne (Montignac)	Angoulême	Cognac	Montignac et La Rochefoucauld.
Lavaure (Les Pins)	Limoges	Angoulême (La Rochefoucauld)	La Rochefoucauld.
Saint-Vincent (Vitrac)	Limoges	Angoulême (La Rochefoucauld)	La Rochefoucauld.
Saint-Martin-de-Bonnieure (Ambernac)	Poitiers	Angoulême	Confolens.
Lézignac-sur-Goire (Saint-Maurice)	Limoges	Angoulême	Confolens.
Négret (Saint-Claud)	Limoges et Poitiers	Angoulême (La Rochefoucauld)	Saint-Claud et La Rochefoucauld.
Châteaurenaud (Fontenille)	Angoulême (?)	Angoulême (Verteuil)	Châteaurenaud et Verteuil.
Mirant (Vouzan)	Périgueux	Angoulême (Aubeterre)	Aubeterre.
Grenordleau (Chabanais)	Limoges	Angoulême (Chabanais)	Chabanais.
Saint-Palais (Lignières)	Saintes	Cognac	Bouteville.
Le Chambon (Saint-Maurice)	Limoges	Angoulême	Confolens.
Dompierre	Saintes	Cognac	Cognac.
Burie	Saintes	Cognac	Cognac.

Divisions actuelles.	Diocèses et archiprêtrés.	Élections et subdélégations.	Châtellenies.
Salignac	Saintes	Cognac	Cognac.
Villars	Saintes	Cognac	Cognac.
Roumette	Saintes	Cognac	Cognac.
Sainte-Aulaye	Périgueux	Angoulême (Montmoreau)	Sainte-Aulaye.
Saint-Michel	Périgueux	Angoulême (Montmoreau)	Sainte-Aulaye.
La Tour-Blanche	Périgueux	Angoulême (La Tour-Blanche)	La Tour-Blanche.
Petit-Champagne	Périgueux	Angoulême (La Tour-Blanche)	La Tour-Blanche.
Cercles	Périgueux	Angoulême (La Tour-Blanche)	La Tour-Blanche.
La Chapelle	Périgueux	Angoulême (La Tour-Blanche)	La Tour-Blanche.
Bouin	Poitiers	Angoulême (Ruffec)	Ruffec.
Hanc	Poitiers	Angoulême (Ruffec)	Ruffec.
Pioussay	Poitiers	Angoulême (Ruffec)	Ruffec.
Montalembert	Poitiers	Angoulême (Ruffec)	Ruffec.
Chenaud	Périgueux	Angoulême (Aubeterre)	Aubeterre.
Puymangon	Périgueux	Angoulême (Aubeterre)	Aubeterre.
Saint-Vincent d'Aubeterre	Périgueux	Angoulême (Aubeterre)	Aubeterre.

Divisions actuelles.	Diocèses et archiprêtrés.	Élections et subdélégations.	Châtellenies.
Vanzac	Saintes	Angoulême (Montausier)	Montausier.
Bran	Saintes	Angoulême (Montausier)	Montausier.
Mortiers	Saintes	Angoulême (Montausier)	Montausier.
Mérignac	Saintes	Angoulême (Montausier)	Montausier.
Fuychebrun	Saintes	Angoulême (Montausier)	Montausier.
Pouillac	Saintes	Angoulême (Montausier)	Saint-Germain ou Pouillac.
Chaux	Saintes	Angoulême (Chaux)	Chaux.
Chevanceau	Saintes	Angoulême (Chaux)	Chaux.

COMMUNAUTÉS DÉTACHÉES DE L'ANGOUMOIS EN 1790.

Dompierre, canton de Burie, arrondissement de Saintes (Charente-Inférieure).

Burie, canton de Burie, arrondissement de Saintes (Charente-Inférieure).

Salignac, commune de Pérignac, canton de Pons, arrondissement de Jonzac (Charente-Inférieure).

Villars-les-Bois, commune et canton de Burie, arrondissement de Saintes (Charente-Inférieure).

Roumette, commune de Saint-Bris-des-Bois, canton de Burie, arrondissement de Saintes (Charente-Inférieure).

Vanzac, canton de Montendre, arrondissement de Jonzac (Charente-Inférieure).

Mortiers, canton de Jonzac, arrondissement de Jonzac (Charente-Inférieure).

Mérignac, canton de Montlieu, arrondissement de Jonzac (Charente-Inférieure).

Puychebrun, canton de Montlieu, arrondissement de Jonzac (Charente-Inférieure).

Pouillac, canton de Montlieu, arrondissement de Jonzac (Charente-Inférieure).

Chaux, commune de Chevanceau, canton de Montlieu, arrondissement de Jonzac (Charente-Inférieure).

Chevanceau, canton de Montlieu, arrondissement de Jonzac (Charente-Inférieure).

Sainte-Aulaye, canton de Sainte-Aulaye, arrondissement de Ribérac (Dordogne).

Saint-Michel, canton de Sainte-Aulaye, arrondissement de Ribérac (Dordogne).

La Tour-Blanche, canton de Verteillac, arrondissement de Ribérac (Dordogne).

Petit-Champagne, canton de Verteillac, arrondissement de Ribérac (Dordogne).

Cercles, canton de Verteillac, arrondissement de Ribérac (Dordogne).

La Chapelle, canton de Verteillac, arrondissement de Ribérac (Dordogne).

Les estizons, canton de Ribérac (?), arrondissement de Ribérac (Dordogne).

Chenaud, canton de Sainte-Aulaye, arrondissement de Ribérac (Dordogne).

Puymangon, canton de Sainte-Aulaye, arrondissement de Ribérac (Dordogne)

Saint-Vincent, canton de Sainte-Aulaye, arrondissement de Ribérac (Dordogne).

Bouin, canton de Chef-Boutonne, arrondissement de Melle (Deux-Sèvres).

Hanc, canton de Chef-Boutonne, arrondissement de Melle (Deux-Sèvres).

Pioussay, canton de Chef-Boutonne, arrondissement de Melle (Deux-Sèvres).

Montalembert, canton de Sauzé-Vaussais, arrondissement de Melle (Deux-Sèvres).

Narsé, canton de Chef-Boutonne, arrondissement de Melle (Deux-Sèvres).

Queue-d'Ajasse, canton de Sauzé-Vaussais, arrondissement de Melle (Deux-Sèvres).

Le Vivier-Joussaud, canton d'Aulnay, arrondissement de Saint-Jean-d'Angély (Charente-Inférieure).

ANCIENNES PAROISSES, COMMUNAUTÉS, ENCLAVES AYANT DÉLÉGUÉ EN 1789 ET RÉUNIES A D'AUTRES COMMUNES EN 1790.

1. Puypéroux (Aignes).
2. Saint-Étienne (Montignac-Charente).
3. Le Tapis (Montignac).
4. Haute-Faye (Édon).
5. Lavaure (Les Pins).
6. Saint-Vincent (Vitrac).
7. Saint-Martin-de-Bourianne (Ambernac).
8. Lézignac-sur-Goire (Saint-Maurice).
9. Négret (Saint-Claud).
10. Châteaurenaud (Fontenille)
11. Massaussier (Verrières).
12. Mirant (Vouzan).
13. Grenordleau (Chabanais).
14. Saint-Palais-l'Abattu (Lignières).
15. Le Chambon (Saint-Maurice).
16. Les Vestizons (Petit-Bersac, Ribérac ?).

15

ANCIENNES PAROISSES, COMMUNAUTÉS OU ENCLAVES RELE-
VANT DE LA PROVINCE ET N'AYANT PAS DÉLÉGUÉ A
PART EN 1789.

1. Montgoumard (Bunzac).
2. Montierneuf (Saint-Aignan-les-Marais, Marennes).
3. Les Ombrails (St-Projet).
4. Villesorbier (Juillé).
5. Hurtebise (Dirac).
6. Boisredon (Saint-Quentin d'Aubeterre).
7. Migron (Saint-Sulpice).
8. Domezac (Saint-Gourçon).
9. Houme (Fouquebrune).
10. Puyrigaud (Mortiers).
11. La Rochebeaucourt (Mouthiers).
12. Le Bronchevaud (Alloue).
13. Vidaix (deux villages) (arrondissement et canton de Rochechouart).
14. La Villatte (Brillac).
15. Voulême (arrondissement de Civray).
16. Saveilles (Paizay-Naudouin).
17. L'Abrègement (Bioussac).
18. Le Breuil-Coiffaud (Saint-Ciers).
19. Macqueville (canton de Matha, St-Jean-d'Angély).
20. Montvallent (Richemont).
21. Perrot (Nabinaud).
22. Saint-Antoine (Mirant).
23. Maumont (Juignac).
24. Le Bost (Sainte-Aulaye).
25. La Margaude (Nonac).
26. La Léotardie (Nonac).
27. La Rochandry (Mouthiers).
28. Manteresse (Montbron).
29. Montembœuf (partie).
30. Vitrac (partie).
31. Terreboure.
32. Saint-Étienne-du-Leyrac.
33. Le Gond (L'Houmeau).
34. Roffit (L'Houmeau).
35. La Tourette (La Couronne).
36. Villars (Trois-Palis).
37. Frustifort.....
38. Moulineuf (La Couronne).
39. Poumaré (Exideuil).
40. Malatrait (Péreuil).
41. La Tour-du-Lac (Chazelles).
42. Pont-Roy (Sers).
43. Mazotte (Segonzac).
44. La Nérolle (Segonzac).
45. Feuillade (partie).
46. Souffrignac (partie).

(*Archives de la Charente*, C 8. — Michon, *Statistique monumentale*, p. 43 et suivantes. — B. de Rencogne, *Mémoires de Gervais sur l'Angoumois*, appendice, note XIII, p. 409. — E. Souchet, *Commentaire de la Coutume d'Angoumois*, II, 422 et suivantes. — Ch. de Chancel, *L'Angoumois en 1789*, analyse des cahiers des paroisses. — Cahiers inédits (94) des paroisses en 1789, à la bibliothèque d'Angoulême. — *Archives de la Charente*, C. 29-30.)

REMARQUE. — On appelait enclaves : 1° des communautés ou paroisses entourées de toutes parts par le territoire des provinces voisines :

ainsi, La Tour-Blanche est une enclave de l'Angoumois en Périgord, Mouthiers une enclave de la Saintonge en Angoumois; 2° des parties de paroisses relevant de châtellenies ou d'élections autres que celles dont relèvent les paroisses elles-mêmes. Exemple : Hurtebise et Combe-de-Loup (paroisse de Dirac) relèvent de l'élection d'Angoulême, et Dirac de celle de Saint-Jean-d'Angély; Sigogne (Coulgens) appartient à l'élection de Cognac, et Coulgens à celle d'Angoulême; Tarsac (Saint-Saturnin) et une autre enclave de Saint-Saturnin forment deux recettes de l'élection de Cognac; Sireuil a une enclave dans l'élection de Cognac et une autre dans celle d'Angoulême.

II. — *Tableau A et B.*

ARRONDISSEMENT D'ANGOULÊME.

	Superficie en 1789.	En 1790 (formation des départements).	Population en 1789, d'après le nombre des feux multiplié par 5.	Nombre des feux multiplié par 4,5.
Angoulême (1er canton)...	14,811 hectares....	14,811 hectares....	19,435 habitants.	
Angoulême (2e canton)...	19,430 —	19,430 —	14,470 —	
Saint-Amant-de-Boixe.	17,704 —	17,704 —	10,205 —	
Blanzac............	19,540 —	23,054 —	9,775 —	
Hiersac............	15,657 —	15,657 —	10,620 —	
Montbron...........	20,210 —	23,618 —	9,085 —	
La Rochefoucauld...	25,617 —	25,617 —	14,050 —	
Rouillac...........	13,563 —	23,087 —	9,258 —	
Lavalette..........	32,484 —	32,484 —	14,553 —	
Total........	179,016 hectares....	195,462 hectares....	111,451 habitants ou	100,553

ARRONDISSEMENT DE BARBEZIEUX.

	Superficie en 1789.	En 1790 (formation des départements).	Population en 1789, d'après le nombre des feux multiplié par 5.	Nombre des feux multiplié par 4,5.
Aubeterre..........	12,866 hectares....	12,866 hectares....	9,325 habitants.	
Baignes............	7,139 —	14,861 —	6,460 —	
Barbezieux.........	16,472 —	20,933 —	1,785 —	
Brossac............	1,170 —	16,204 —	300 —	
Chalais............	3,081 —	14,361 —	2,085 —	
Montmoreau.........	19,000 —	19,737 —	10,270 —	
Total........	59,728 hectares....	98,962 hectares....	30,225 habitants ou	27,207

— 117 —

ARRONDISSEMENT DE COGNAC.

	Superficie en 1789.	En 1790 (formation des départements).	Population en 1789, d'après le nombre des feux multiplié par 5.	Nombre des feux multiplié par 4,5.
Châteauneuf	15,973 hectares	15,973 hectares	11,470 habitants	
Cognac	18,113	13,113	11,978	
Jarnac	15,522	16,140	12,510	
Segonzac	21,500	21,500	13,090	
TOTAL	71,108 hectares	66,726 hectares	49,048 habitants ou	44,144

ARRONDISSEMENT DE CONFOLENS.

Confolens (1er canton)	18,639 hectares	20,895 hectares	11,100 habitants	
Confolens (2e canton)	9,565	31,619		
Chabanais	24,243	24,243	8,570	
Saint-Claud	17,635	26,962	8,505	
Montembœuf	18,625	22,503	8,220	
Champagne	»	15,600	»	
TOTAL	88,707 hectares	141,822 hectares	36,395 habitants ou	32,756

ARRONDISSEMENT DE RUFFEC.

Aigre	4,166 hectares	20,849 hectares	2,280 habitants	
Maussle	22,108	23,011	13,035	
Ruffec	20,845	21,545	12,537	
Villefagnan	19,758	21,769	12,135	
TOTAL	66,877 hectares	87,174 hectares	40,987 habitants ou	37,500

Tableau C.

Cantons.	1700-1726.		1763.		1789.	
ARRONDISSEMENT ACTUEL D'ANGOULÊME.						
1er CANTON D'ANGOULÊME.						
Angoulême (1er canton).......	2000 feux.	8000 h.	» feux.	12174 h.	2500 feux.	13000 h.
	(En 1726, 9000 h.)					
Dirac......................	»	622	»	»	127	635
La Couronne...............	»	135	»	»	»	»
Estèphe (Saint-)..........	»	638	»	»	166	830
Michel (Saint-)...........	»	228	»	»	64	320
Nersac....................	»	1036	»	»	258	1290
Puymoyen..................	»	343	»	»	100	500
Roullet...................	»	992	»	»	280	1440
Vœuil-et-Giget............	»	223	»	»	44	220
2e CANTON D'ANGOULÊME.						
Balzac....................	» feux.	937 h.	» feux.	» h.	246 feux.	1230 h.
Bouex.....................	»	639	»	»	168	840
Champniers................	»	2793	»	»	1065	5325
Fléac.....................	»	631	»	»	181	905
Garat.....................	»	802	»	»	238	1190
L'Houmeau.................	»	»	»	»	181	905
L'Isle....................	»	272	»	»	88	440
Magnac....................	»	408	»	»	126	630
Mornac....................	»	735	»	»	168	840
Ruelle....................	»	768	»	»	200 (?)	1000 (?)

1817.		1830.	1840.	1850.	1860.	1870.	1880.	1887.
2012 feux.	14600 h.	15005 h.	18623 h.	20085 h.	22811 h.	25116 h.	30513 h.	34647 h.
203	1006	1080	984	951	889	855	748	677
275	1264	1801	1706	2311	2550	2882	2876	3271
167	789	776	855	816	857	808	721	572
60	346	491	591	569	553	782	832	1058
200	983	1103	951	1244	1247	1339	1410	1575
80	302	377	407	483	511	532	560	679
280	1118	1291	1462	1464	1388	1373	1245	1254
66	283	405	316	424	540	478	541	517
248 feux.	905 h.	961 h.	968 h.	942 h.	918 h.	815 h.	780 h.	708 h.
»	»	801	940	900	897	808	762	741
860	4004	4132	4062	4128	3848	3560	3362	2934
133	802	845	819	819	785	820	804	789
»	777	845	925	933	912	910	847	895
228	999	1110	1392	1429	1403	1851	2165	2546
104	435	471	502	596	595	631	695	803
131	539	602	932	979	1004	1005	1187	1592
258	1015	981	1089	1027	971	944	884	895
240	1075	1211	1508	1625	1429	1733	2039	2797

Cantons.	1700-1726.		1763.		1780.	
Soyaux......................	» feux,	395 h.	» feux.	» h.	81 feux.	405 h.
Touvre......................	»	186	»	»	65	325
Yrieix (Saint-)..............	»	550	»	»	143	715
CANTON DE SAINT-AMANT-DE-BOIXE.						
Amant-de-Boixe (Saint-)......	» feux.	910 h.	» feux.	» h.	320 feux.	1600 h.
Ambérac.....................	»	361	»	»	»	700 (?)
Anais.......................	»	350	»	»	90	450
Aussac......................	»	»	»	»	163	815
Chapelle (La)...............	»	146	»	»	»	250 (?)
Chebrac.....................	»	46	»	»	14	70
Coulonges...................	»	165	»	»	60	300
Maine-de-Boixe	»	196	»	»	84	420
Marsac......................	»	525	»	»	140	700
Montignac...................	»	280	»	»	74	370
Nanclars....................	»	369	»	»	150	750
Tourriers...................	»	305	»	»	110	550
Vars........................	»	1360	»	»	307	1555
Vervant.....................	»	155	»	»	50	250
Villejoubert................	»	196	»	»	67	335
Vouharte....................	»	362	»	»	102	510
Xambes......................	»	363	»	»	120	600

1817.		1830.	1840.	1850.	1860.	1870.	1880.	1887.
118 feux.	517 h.	474 h.	605 h.	676 h.	615 h.	700 h.	793 h.	1311 h.
60	226	282	325	334	319	347	397	459
145	678	776	804	878	878	937	923	1316
411 feux.	2225 h.	1658 h.	1690 h.	1721 h.	1617 h.	1690 h.	1738 h.	1510 h.
207	705	780	791	759	618	618	647	537
140	530	644	739	736	677	687	637	570
198	728	775	698	861	840	710	769	667
55	261	323	360	374	363	350	333	311
18	88	140	132	138	141	133	112	106
74	334	361	325	331	298	298	258	236
129	449	481	490	457	446	390	365	349
190	695	817	783	800	808	812	770	695
152	531	563	642	702	690	733	773	778
163	578	600	552	584	555	488	474	450
168	658	785	832	865	784	811	805	656
461	1796	1978	2035	1941	1869	2011	1948	1713
82	372	363	391	363	329	338	321	246
98	351	366	373	360	353	313	279	258
149	498	627	597	635	652	663	621	508
152	568	606	622	866	579	587	544	406

16

Cantons.	1700-1726.		1763.		1789.	
CANTON DE BLANZAC.						
Aignes-et-Puypéroux..........	» feux.	450 h.	» feux.	» h.	126 feux.	630 h.
Aubeville..................	»	»	»	»	90	450
Bécheresse................	»	641	»	»	100 (?)	500
Blanzac...................	150	700 [En 1726, 890 h.]	»	»	80	400
Chadurie..................	»	703	»	»	193	965
Champagne................	»	705	»	»	60	300
Claix.....................	»	813	»	»	169	945
Cressac...................	»	269	»	»	140	700
Saint-Genis...............	»	92	»	»	34	170
Jurignac..................	»	272	»	»	105	525
Étriac....................	»	359	»	»	75	375
Saint-Léger..............	»	295	»	»	44	220
Mainfonds................	»	405	»	»	80	400
Péreuil..................	»	739	»	»	190	950
Pérignac.................	»	1171	»	»	243	1215
Plassac.................. (Avec Rouffiac depuis 1850.)	»	224	»	»	42	210
Porcheresse..............	»	349	»	»	50 (?)	250
Rouffiac................. (Réunie à Plassac en 1850.)	»	146	»	»	30	150
Vouigézac...............	»	318	»	»	84	420
CANTON D'HIERSAC.						
Amant-de-Nouère (Saint-).....	» feux.	466 h.	» feux.	» h.	196 feux.	980 h.
Asnières.................	»	810	»	»	167	835

1817.		1830.	1840.	1850.	1860.	1870.	1880.	1887.
108 feux.	621 h.	462 h.	621 h.	618 h.	053 h.	596 h.	596 h.	532 h.
90	399	693	439	431	383	383	325	281
108	639	607	573	536	492	512	430	411
130	627	462	682	719	842	918	893	873
142	911	357	809	804	730	732	675	643
65	306	464	336	333	313	332	314	262
104	484	»	601	548	509	549	485	384
47	216	237	266	267	235	215	201	178
52	177	182	196	230	217	195	171	163
130	649	685	796	803	802	886	820	659
100	344	403	338	375	377	345	316	243
35	156	186	203	210	204	189	185	187
90	354	362	417	386	403	392	338	298
200	748	1011	841	832	762	721	061	647
250	1833	471	1044	1005	961	949	887	812
150	512	302	405	662	640	613	560	501
53	324	195	343	355	310	305	329	216
33	201	»	230	»	»	»	»	»
112	485	544	524	600	543	528	506	418
68 feux.	718 h.	741 h.	718 h.	703 h.	634 h.	635 h.	607 h.	526 h.
247	1120	1181	1139	1161	1111	1053	971	833

Cantons.	1700-1726.		1763.		1789.	
Champmillon.................	» feux.	269 h.	» feux.	» h.	104 feux.	520 h.
Douzat......................	»	274	»	»	90	450
Échallat.....................	»	531	»	»	167	835
Genis (Saint-)..............	»	910	»	»	316	1580
Hiersac.....................	»	»	»	»	121	605
Linars......................	»	500	»	»	121	605
Moulidars....................	»	770	»	»	210	1050
Saint-Saturnin..............	»	678	»	»	235	1075
Sireuil.....................	»	570	»	»	190	950
Trois-Palis.................	»	272	»	»	60	300
Vindelle....................	»	450	»	»	167	835
CANTON DE MONTBRON.						
Charras.....................	» feux.	449 h.	» feux.	» h.	175 feux.	875 h.
Écuras......................	»	1034	»	»	300	1500
Germain (Saint-)...........	»	660	»	»	121	605
Grassac.....................	»	»	»	»	132	660
Mainzac.....................	»	353	»	»	93	465
Marthon.....................	120	600	»	»	103	515
Montbron....................	150	800	»	»	330	1650
Orgedeuil...................	»	454	63	315	95	475
Rouzède.....................	»	542	»	»	128	640
Sornin (Saint-)............	»	776	129	640	180	900
Vouthon.....................	»	645	»	»	160	800

1817.		1830.	1840.	1850.	1860.	1870.	1880.	1887.
107 feux.	555 h.	604 h.	575 h.	673 h.	518 h.	518 h.	456 h.	430 h.
105	463	471	542	559	540	553	495	488
163	1043	1059	843	859	850	895	822	679
259	1300	1291	1331	1356	1350	1465	1344	1098
115	575	622	637	899	772	865	824	677
146	630	566	473	500	477	454	448	471
206	1005	877	954	984	994	1063	942	788
230	892	904	895	914	882	897	787	667
170	746	821	847	892	933	937	964	600
73	268	871	268	258	311	263	319	322
175	770	808	827	893	923	886	815	768
148 feux.	689 h.	801 h.	834 h.	832 h.	793 h.	685 h.	658 h.	605 h.
350	1547	1613	1677	1788	1741	1730	1617	1641
143	686	648	678	714	725	662	619	637
145	706	700	710	740	749	688	620	587
59	437	418	438	448	417	387	327	318
105	547	569	624	629	654	656	620	672
540	2980	3130	3189	3276	3152	3300	3264	3426
100	401	523	465	532	520	503	513	504
130	711	837	789	772	775	778	755	750
180	813	781	783	809	759	834	859	879
113	470	339	543	505	509	482	500	478

Cantons.	1700-1726.		1763.		1789.	
CANTON DE LA ROCHEFOUCAULD.						
Agris..........................	» foux.	809 h.	207 feux	1035 h.	219 feux	1095 h.
Brie..........................	»	1338	»	»	349	1745
Bunzac........................	»	214	»	»	99	405
Chazelles.....................	»	719	»	»	175	875
Constant (Saint-)............. (Réunie à Saint-Projet en 1850.)	»	286	»	»	61	305
Coulgens......................	»	367	102	510	130	650
Jauldes.......................	»	589	»	»	200	1000
Marillac......................	»	800	»	»	150	750
Paul (Saint-).................	»	136	»	»	36	180
Pranzac.......................	»	569	»	»	144	720
Projet (Saint-)............... (Avec Saint-Constant depuis 1850.)	»	228	»	»	61	»
Rancogne......................	»	816	»	»	97	485
Rivières......................	»	812	192	960	220	1100
Rochefoucauld (La)............ (En 1720, 2058 h.)	650	2500	»	»	460	2300
Rochette (La).................	»	670	146	730	162	810
Villhonneur...................	»	346	»	»	82	410
Yvrac-et-Malleyrand...........	»	»	303	1515	230	1130
CANTON DE ROUILLAC.						
Bignac........................	» feux.	399 h.	» feux.	» h.	102 feux.	510 h.
Courbillac....................	»	484	»	»	140	700
Cybardeaux (Saint-)..........	»	»	»	»	320	1600
Genac.........................	»	»	»	»	400	2000

1817.		1830.	1840.	1850.	1860.	1870.	1880.	1887.
318 feux.	1116 h.	1181 h.	1389 h.	1457 h.	1350 h.	1308 h.	1204 h.	1182 h.
374	1509	1728	1868	1960	1952	1733	1616	1557
118	471	459	856	563	484	488	477	486
201	874	989	856	1184	1164	1195	1100	1300
34	161	208	203	»	»	»	»	»
151	717	748	796	793	798	744	717	628
230	1209	1294	1326	1268	1200	1150	1122	932
184	726	691	796	815	788	755	704	732
71	185	280	232	766	»	»	»	»
146	687	741	768	680	795	751	713	758
78	328	381	482	680	608	628	615	627
101	439	458	487	514	437	415	421	431
219	1206	1282	1298	1275	1212	1129	1086	1095
498	2501	2661	2724	2965	2468	2775	2733	2989
151	748	742	801	805	765	793	636	638
88	383	436	382	426	443	461	438	496
218	977	1039	1075	1067	991	920	921	962
100 feux.	454 h.	467 h.	507 h.	540 h.	510 h.	498 h.	429 h.	401 h.
100	596	612	653	950	990	961	884	761
386	1618	1511	1588	1542	1650	1602	1513	1047
300	1291	1432	1564	1612	1568	1511	1508	1208

Cantons.	1700-1726.		1763.		1789.	
Mareuil......................	» feux.	470 h.	» feux.	» h.	120 feux.	600 h.
Plaizac........................	»	344	»	»	78	390
Rouillac........................ (Avec le Temple depuis 1850.)	»	681	»	»	300	1500
Sonneville.....................	»	326	»	»	115	575
Temple (Le)................... (Réunie à Rouillac en 1850.)	»	259	»	»	70	350
Vaux-Rouillac.................	»	774	»	»	212	1060
CANTON DE LAVALETTE.						
Beaulieu, Cloulas............. (Réunies à Dignac en 1850.)	» feux.	» h.	» feux.	» h.	» feux.	» h.
Blanzaguet.................... (Avec Saint-Cybard en 1870.)	»	443	»	»	76	380
Charmant.....................	»	503	»	»	156	780
Chavenat.....................	»	»	»	»	74	370
Combiers.....................	»	639	»	»	200	1000
Cybard (Saint-)............... (Réunie à Blanzaguet en 1870.)	»	273	»	»	36	180
Dignac (avec Beaulieu depuis 1850).... (4 délégués en 1789.)	»	1441	»	»	200 (?)	1000 (?)
Édon..........................	»	766	»	»	144	720
Fouquebrune..................	»	632	»	»	200	1000
Gardes.......................	»	736	»	»	117	583
Garat.........................	»	748	»	»	150	750
Juillaguet....................	»	318	»	»	60 (?)	300 (?)
Magnac-Lavalette.............	»	735	»	»	150	750
Ronsenac.....................	»	1400	»	»	300	1500
Rougnac......................	»	1172	»	»	230	1150
Sers.........................	»	520	»	»	140	700

1817.		1830.	1840.	1850.	1860.	1870.	1880.	1887.
160 feux.	790 h.	769 h.	764 h.	767 h.	781 h.	842 h.	779 h.	605 h.
53	323	307	282	318	334	328	310	236
274	1184	1436	1654	1982	2057	2438	2198	2100
111	523	505	323	504	509	508	462	413
55	262	279	259	»	»	»	»	»
180	838	793	840	958	774	797	721	611
70 feux.	301 h.	310 h.	340 h.	» h.	» h.	175 h.	» h.	» h.
87	365	355	313	329	346	566	499	415
153	610	619	686	824	642	619	550	476
70	359	358	368	445	389	352	324	326
148	700	630	675	627	609	558	542	506
52	264	268	301	276	240	»	»	»
187	1056	1141	1197	1518	1513	1401	1321	1244
166	727	796	884	871	873	715	665	612
155	696	910	978	969	976	916	795	693
133	607	649	660	638	690	635	516	482
132	573	666	688	659	650	602	567	511
64	283	286	288	297	255	255	225	222
110	574	673	666	700	724	630	582	503
304	1192	1242	1219	1214	1165	1101	1100	927
207	1077	964	1121	1083	1042	1041	908	830
137	748	649	677	703	622	634	549	578

17

Cantons.	1700-1726.		1763.		1789.	
Torsac......................	» feux.	818 h.	» feux.	» h.	201 feux.	1005 h.
Lavalette...................	»	410	»	»	157	785
Vaux–Lavalette	»	290	»	»	100 (?)	500
Villars.....................	»	406	»	»	36	180
Vouzan.....................	»	645	»	»	180	900

ARRONDISSEMENT ACTUEL DE BARBEZIEUX.

CANTON D'AUBETERRE.

Cantons.	1700-1726.		1763.		1789.	
Aubeterre.................. (En 1716, 696 h.)	130 feux.	600 h.	» feux.	» h.	158 feux.	790 h.
Bellon.....................	»	509	»	»	123	615
Bonnes.....................	»	1049	»	»	212	1060
Essards (Les)..............	»	901	»	»	198	990
Menècle (La)............... (Réunie à Roufflac, cant. de Blanzac, en 1850.)	»	95	»	»	25	125
Martial (Saint–)........... (Réunie à Roufflac d'Aubeterre en 1850.)	»	214	»	»	32	160
Montignac-le–Coq...........	»	586	»	»	140	700
Nabinaud...................	»	396	»	»	50 (?)	250
Pillac.....................	»	865	»	»	240 (?)	1200
Laprade....................	»	676	»	»	120 (?)	600
Romain (Saint–)...........	»	815	»	»	272	1360
Roufflac................... (Avec Saint-Martial depuis 1850.)	»	248	»	»	42	210
Séverin (Saint–)...........	»	930	»	»	251	1265

1817.		1830.	1840.	1850.	1860.	1870.	1880.	1887.
170 feux.	822 h.	905 h.	852 h.	837 h.	846 h.	751 h.	646 h.	637 h.
177	835	897	955	902	941	929	913	851
63	289	313	866	208	287	260	255	216
58	233	233	248	258	112	187	185	149
120	809	721	873	910	858	794	731	689
167 feux.	753 h.	725 h.	672 h.	768 h.	723 h.	704 h.	751 h.	848 h.
122	514	586	545	571	510	462	420	419
179	818	995	1026	977	895	901	836	763
185	707	761	774	770	707	622	592	550
26	101	100	122	»	»	»	»	»
32	185	178	204	»	»	»	»	»
144	620	530	572	551	561	567	532	505
57	330	341	365	346	329	324	276	237
250	975	1011	1048	1032	962	900	837	793
124	608	632	606	596	587	542	464	525
290	1163	1258	1129	1114	1050	986	920	816
52	223	215	230	530	471	406	382	336
276	1299	1240	1302	1332	1396	1496	1290	1258

Cantons.	1700-1726.		1763.		1789.	
CANTON DE BAIGNES.						
Bors (Saint-Palais, Chevanceau).	» feux.	639 h.	» feux.	» h.	195 feux.	975 h.
Chantillac (avec Chevanceau)...	»	813	166	830	220	1100
Radégonde (Sainte-)	»	1204	»	»	500	2500
Tâtre (Le)	»	600	»	»	171	855
Touvérac	»	636	141	705	206	1030
CANTON DE BARBEZIEUX.						
Angeduc	» feux.	361 h.	» feux.	» h.	40 feux.	200 h.
Bonnet (Saint-) (avec Vignolles).	»	425	»	»	80	400
Conzac	»	576	»	»	25	125
(Réunie à Saint-Aulais en 1850.)						
Ladiville	»	»	»	»	93	465
Palais (Saint-)	»	407	»	»	39	195
Vignolles (avec Saint-Bonnet)..	»	130	»	»	80	400
CANTON DE BROSSAC.						
Boisbreteau	» feux.	» h.	» feux.	» h.	60 f. (?).	300 h.
CANTON DE CHALAIS.						
Christophe (Saint-)	» feux.	324 h.	» feux.	» h.	95 feux.	475 h.
Courlac	»	224	»	»	60	300
Orival	»	366	»	»	90	450
Quentin (Saint-)	»	480	»	»	172	860

1817.		1830.	1840.	1850.	1860.	1870.	1880.	1887.
42 feux.	180 h.	244 h.	264 h.	264 h.	235 h.	234 h.	211 h.	231 h.
143	661	721	803	789	775	717	667	610
350	2058	2032	1955	2107	2541	2417	2227	2122
125	613	725	666	696	668	620	577	570
200	556	780	738	831	777	755	679	665
58 feux.	215 h.	107 h.	208 h.	217 h.	220 h.	234 h.	194 h.	161 h.
150	675	772	846	868	874	800	717	608
44	156	179	175	705	629	606	506	458
122	375	444	425	420	381	341	318	261
142	636	657	685	697	722	709	621	515
78	282	300	301	438	463	473	413	368
60 feux.	239 h.	311 h.	313 h.	375 h.	357 h.	340 h.	319 h.	307 h.
66 feux.	380 h.	408 h.	414 h.	437 h.	507 h.	667 h.	652 h.	731 h.
86	299	308	307	335	315	294	270	264
72	355	350	358	353	371	319	301	290
167	780	889	799	817	725	697	603	557

Cantons.	1700-1726.		1763.		1789.	
CANTON DE MONTMOREAU.						
Amant (Saint-).............	» foux.	1185 h.	» feux	» h.	208 feux.	1040 h.
Bessac....................	»	504	»	»	113	565
Bors....................	»	720	»	»	148	740
Courgeac.................	»	737	»	»	166	830
Cybard (Saint-).............	»	455	»	»	96	480
Deviat...................	»	508	»	»	62	310
Eutrope (Saint-)...........	»	182	»	»	64	320
Juignac..................	»	2230	»	»	260 (?)	1300
Laurent-de-Belzagot (Saint-)..	»	560	»	»	108	540
Martial (Saint-).............	»	214	»	»	100 (?)	500
Montmoreau...............	»	363	»	»	89	445
Nonac...................	»	903	»	»	260	1300
Palluaud.................	»	529	»	»	140	700
Peudry................... (Réunie à Saint-Martial en 1850.)	»	90	»	»	20	100
Salles-Lavalette..............	»	905	»	»	220	1100
ARRONDISSEMENT ACTUEL DE COGNAC.						
CANTON DE CHATEAUNEUF.						
Amant-de-Graves (Saint-)......	» feux.	1262 h.	» feux.	» h.	73 feux.	365 h.
Angeac-Charente..............					197	985
Birac.......................		209			52	260
Bonneuil...................		584			160	800
Bouteville..................		644				

1817.	1830.	1840.	1850.	1860.	1870.	1880.	1887.
221 feux.	974 h.	1179 h.	1050 h.	1098 h.	1065 h.	978 h.	971 h.	892 h.
103	466	534	509	500	502	391	378	379
152	636	703	677	686	682	637	577	557
141	677	636	681	685	615	565	530	494
116	363	444	464	493	448	386	377	346
62	398	472	420	445	414	408	356	350
80	274	279	292	306	258	242	194	200
275	1344	1316	1268	1232	1192	1116	1003	853
75	495	487	495	559	517	481	443	431
114	465	502	446	548	504	482	446	390
77	429	448	535	591	675	699	785	797
209	1135	1132	1044	1001	973	904	849	799
160	753	726	662	664	703	699	622	530
20	86	88	99	»	»	»	»	»
225	1223	1135	1176	1104	1169	1116	1048	973
82 feux.	386 h.	357 h.	322 h.	316 h.	332 h.	300 h.	287 h.	305 h.
161	722	774	640	620	609	664	579	536
51	275	318	362	332	378	380	312	246
140	619	627	574	605	597	618	582	509
63	»	840	837	826	800	810	774	623

Cantons.	1700-1726.		1763.		1789.	
Châteauneuf..................	440 feux.	2069 h.	» feux.	» h.	450 f. (?)	2250 h
Éraville.....................	»	»	»	»	50	250
Graves (Saint-Martin-de)......	»	156	»	»	58	290
Malaville,....................	»	815	»	»	180	900
Mosnac......................	»	545	»	»	102	510
Nonaville...................	»	316	»	»	60 (?)	300
Preuil (Saint-)..............	»	635	»	»	180	900
Simeux (Saint-)..............	»	407	»	»	112	560
Simon (Saint-)..............	»	418	»	»	200	1000
Surin (Saint-)...............	»	225	»	»	53	265
Touzac......................	»	910	»	»	204	1020
Vibrac......................	»	398	»	»	125	625
Viville.....................	»	192	»	»	38	190
CANTON DE COGNAC.						
André (Saint-)...............	» feux.	296 h.	» feux.	» h.	» feux.	290 (?
Ars.........................	»	»	»	»	»	575 (?
Boutiers................... (Avec Saint-Trojan depuis 1860.)	»	202	»	»	»	254 (?
Bréville....................	»	509	»	»	180	900
Brice (Saint-)...............	»	540	»	»	»	540 (?
Château-Bernard........... (Avec Saint-Martin depuis 1870.)	»	248	»	»	»	250 (?
Cherves....................	»	773	»	»	»	909 (?
Cognac.....................	1080	5400 (En 1726, 3800 h.)	847	4235	»	3000 (?
Crouin.....................	»	966	»	»	»	230 (?

1817.		1830.	1840.	1850.	1860.	1870.	1880.	1887.
540 feux.	2153 h.	2277 h.	2336 h.	2739 h.	3258 h.	3541 h.	3774 h.	3174 h.
60	262	308	262	302	303	332	309	234
67	254	254	239	290	267	249	215	213
183	698	·680	647	667	735	729	705	537
95	387	444	432	467	445	382	456	385
66	531	288	336	365	397	358	354	249
173	611	636	642	658	670	646	592	468
125	584	579	529	561	616	643	543	485
174	722	732	782	738	684	660	572	472
51	198	217	214	240	»	»	»	»
220	787	905	852	857	905	937	877	649
114	461	476	436	506	429	420	378	353
45	166	164	161	206	203	186	164	126
73 feux.	290 h.	292 h.	305 h.	325 h.	316 h.	345 h.	312 h.	271 h.
149	575	635	704	711	727	707	562	485
60	254	328	362	420	727	739	765	749
145	624	608	791	775	769	811	742	701
131	540	261	661	669	714	677	690	627
64	250	1258	314	»	»	708	982	1023
234	909	1947	1377	1711	1924	2017	1860	1813
650 (?)	3134	2947	4118	4947	7085	12104	14900	15200
62	237	269	366	432	611	»	»	»

Cantons.	1700-1726.		1703.		1789.	
Gimeux......................	» feux.	469 h.	» feux.	» h.	» feux.	370 (?)
Javrezac......................	»	453	»	»	»	400 (?)
Laurent (Saint-)	»	858	»	»	»	600 (?)
Louzac.......................	»	436	»	»	»	500 (?)
Martin (Saint-)............. (Avec Château-Bernard en 1800.)	»	456	»	»	»	550 (?)
Merpins.....................	»	455	»	»	»	500 (?)
Mesnac	»	318	»	»	»	400 (?)
Richemont....................	»	178	»	»	»	230 (?)
Sulpice (Saint-).............	»	935	»	»	»	1300 (?)
Trojan (Saint-).............. (Réunie à Boutiers en 1860.)	»	178	»	»	»	180 (?)
CANTON DE JARNAC.						
Bassac.......................	» feux.	733 h.	» feux.	» h.	271 feux.	1355 h.
Chassors.....................	»	696	»	»	231	1155
Fleurac......................	»	896 (?)	»	»	90	450
Foussignac..................	»	545	»	»	159	795
Houlette....................	»	236	»	»	64	320
Jarnac......................	300 (En 1726, 1440 h.)	1500	»	»	400 (?)	2000
Mérignac....................	»	910	»	»	366	1830
Métairies (Les).............	»	600	»	»	128	640
Nercillac...................	»	379	»	»	120	600
Réparsac....................	»	326	»	»	78	390
Sévère (Sainte-).............	»	406	»	»	150	750

1817.		1830.	1840.	1850.	1860.	1870.	1880.	1887.
104 feux.	373 h.	357 h.	427 h.	429 h.	460 h.	462 h.	478 h.	390 h.
124	467	485	607	592	591	653	637	606
176	674	716	739	730	765	766	757	756
135	503	422	455	467	501	490	452	411
125	579	713	1250	1200	1573	»	»	»
123	511	523	634	630	729	730	719	652
111	430	480	502	514	702	505	462	436
52	234	264	289	430	438	412	456	382
400	1370	1554	1368	1688	1837	1937	1732	1475
45	180	194	200	190	»	»	»	»
201 feux.	835 h.	863 h.	793 h.	815 h.	747 h.	760 h.	714 h.	735 h.
268	1025	985	1059	1098	1097	1108	1075	916
98	422	379	347	355	420	351	320	278
130	684	593	629	616	615	706	652	594
73	343	391	411	470	501	528	450	457
450	1401	1934	2710	2814	3462	4243	4979	4450
308	1297	1385	1221	1290	1309	1314	1133	1008
121	501	452	500	512	505	520	475	415
142	658	686	798	802	886	928	842	820
92	364	449	482	506	550	527	501	476
143	602	789	795	789	847	809	803	801

Cantons.	1700-1726.		1763.		1789.	
Sigogne.....................	» feux.	780 h.	» feux.	» h.	309 feux.	1545 h.
Triac......................	»	380	»	»	100	500
CANTON DE SEGONZAC.						
Ambleville.................	» feux.	352 h.	» feux.	» h.	90 feux.	450 h.
Angeac–Champagne...........	»	286	»	»	»	280 (?)
Angles.....................	»	239	»	»	»	160 (?)
Bourg–Charente.............	»	824	».	»	»	600 (?)
Criteuil................... (Avec La Magdeleine depuis 1870.)	»	»	»	»	»	500 (?)
Fort (Saint–)...............	»	770	»	»	100	500
Gensac.................... (Avec La Pallue depuis 1860.)	»	496	»	»	123	615
Genté......................	»	171	»	»	»	561 (?)
Gondeville.................	»	460	»	»	106	530
Juillac–le–Coq.............	»	1210	»	»	230	1150
Lignières.................. (Avec Sonneville depuis 1850)	»	540	»	»	100	500
La Magdeleine............. (Réunie à Criteuil en 1870.)	»	146	»	»	23	115
Mainxe.....................	»	680	»	»	149	745
Même (Saint–).............	»	910	»	»	206	1030
Pallue (La)............... (Réunie à Gensac en 1860.)	»	520	»	»	123	615
Salles.....................	»	905	»	»	»	740 (?)
Segonzac...................	»	2735	»	»	608	3040
Sonneville................ (Réunie à Lignières en 1850.)	»	326	»	»	721	360
Verrières..................	»	560	»	»	120	600

1817.		1830.	1840.	1850.	1860.	1870.	1880.	1887.
350 feux.	1309 h.	1329 h.	1372 h.	1395 h.	1469 h.	1525 h.	1444 h.	1127 h.
101	481	488	464	504	494	473	457	420
90 feux.	346 h.	410 h.	438 h.	446 h.	458 h.	443 h.	421 h.	351 h.
86	293	289	396	400	429	912	845	634
47	164	208	190	193	»	»	»	»
148	610	818	940	962	957	1007	985	823
120	513	629	658	710	710	887	857	720
114	434	411	523	538	550	576	573	503
214	901	822	954	1003	1596	1077	1016	902
156	567	508	707	735	788	973	907	682
100 (?)	499	482	467	528	479	521	558	559
202	791	914	893	906	952	956	887	644
180	542	434	605	903	909	1005	940	770
40	146	157	179	197	212	»	»	»
130	635	718	651	693	713	745	678	610
218	875	985	1161	1145	1221	1447	1540	1566
91	351	422	457	466	»	»	»	»
295	744	668	959	1008	1282	1335	1275	1029
649	2453	2500	2620	2670	2784	2977	2809	2384
84	353	315	323	»	»	»	»	»
215	741	758	857	872	881	857	807	614

Cantons.	1700-1726.		1763.		1789.	
ARRONDISSEMENT ACTUEL DE CONFOLENS.						
CANTONS DE CONFOLENS						
(Nord et Sud).						
Ambernac...................	» feux.	116 h.	104 feux.	520 h.	125 feux.	625 h.
Ansac.....................	»	728	116	580	120 (?)	600
Christophe (Saint-)...........	»	880	175	875	»	1000 (?)
Confolens..................	470 (En 1726, 2507 h.)	2000	500 (?)	»	560	2800
Épenède...................	»	541	107	535	134	670
Esse.....................	»	586	99	495	104	520
Hiesse....................	»	230	62	310	100	500
Lesterps..................	»	226	52	260	60 (?)	300
Manot....................	»	1088	172	860	210	1050
Maurice (Saint-).............	»	802	288	1440	453	2265
Petit–Lessac (?).............	»	1056	»	»	»	770 (?)
CANTON DE CHABANAIS.						
Chabanais.................	300 feux. (En 1726, 1588 h.)	1400 h.	» feux.	» h.	218 feux.	1090 h.
Chabrac..................	»	449	102	510	95	475
Chassenon.................	»	453	»	»	117	585
Chirac...................	»	1205	179	895	186	930
Étagnat..................	»	1175	»	»	292	1460
Exideuil..................	»	1358	»	»	230	1150
La Péruze.................	»	285	»	»	80	150

1817.		1830.	1840.	1850.	1860.	1870.	1880.	1887.
124 feux.	1005 h.	1075 h.	1116 h.	1168 h.	1073 h.	1070 h.	992 h.	1037 h.
150	803	904	918	916	986	915	951	1054
181	1117	1222	1205	1250	1150	1106	1081	1102
430	2263	2153	2765	2787	3034	2717	2827	3083
115	460	620	507	543	541	516	483	535
98	884	871	888	930	862	805	858	916
97	475	564	547	553	558	476	507	564
286	1374	1396	1385	1427	1355	1320	1375	1430
219	1079	1282	1320	1340	1345	1164	1240	1269
250	1721	1705	1783	1890	1896	1800	1823	1893
166	779	817	888	948	932	937	939	957
281 feux.	1474 h.	1638 h.	1877 h.	1903 h.	1791 h.	1733 h.	1812 h.	1937 h.
125	793	700	817	918	909	881	875	870
149	1049	1081	1008	1018	1077	1049	1032	1142
124	1061	1154	1220	1297	1394	1262	1179	1238
205	1305	1412	1444	1520	1522	1560	1434	1526
236	1190	1287	1280	1357	1312	1218	1286	1360
103	488	554	601	645	660	578	591	618

Cantons.	1700-1726.		1703.		1789.	
Pressignac..................	» feux.	904 h.	» feux.	» h.	120 feux.	600 h.
Quentin (Saint-)..............	»	890 (?)	»	»	189	945
Roumazières................	»	145	60	300	61	305
Saulgond...................	»	1625	220	1100	240	1200
Suris....................	»	680	167	835	»	680 (?
CANTON DE SAINT-CLAUD						
Beaulieu..................	» feux.	» h.	100 f. (?).	» h.	110 feux.	550 h.
Chantrezac................	»	»	98	490	200	1000
Chasseneuil...............	»	953	137	685	220	1100
Claud (Saint-).............	»	455	317	1585	453	2265
Et Négret.........	»	912				
Genouillac................	»	721	200	1000	200	1000
Laplaud...................	»	228	40 (?)	»	44	220
Loubert...................	»	90	18	90	22	110
Lussac...................	»	228	69	345	86	430
Mary (Saint-)..............	»	725	170	850	203	1015
Mazières..................	»	225	30 (?)	»	38	190
Suaux....................	»	540	118	590	135	625
CANTON DE MONTEMBŒUF.						
Adjutory ou Étaury (Saint-)....	» feux.	560 h.	» feux.	» h.	199 feux.	995 h.
Châtelars................. (Réunie à Cherves en 1850.)	»	217	32	160	32	160

1817.		1830.	1840.	1850.	1860.	1870.	1880.	1887.
187 feux.	1056 h.	1198 h.	1446 h.	1504 h.	1463 h.	1470 h.	1315 h.	1434 h.
97	568	615	646	636	601	579	543	534
62	409	433	464	542	519	425	513	765
148	1161	1260	1316	1336	1234	1244	1261	1308
132	680	677	687	744	745	678	620	631
133 feux.	691 h.	717 h.	840 h.	813 h.	763 h.	685 h.	774 h.	740 h.
159	720	788	741	808	770	656	661	708
363	1615	1719	2167	2210	2229	2162	2204	2550
351	1860	1550	2115	2108	2041	1938	1822	1872
128	818	911	921	900	881	787	813	971
44	205	239	253	638	630	580	617	843
22	132	144	125					
95	438	414	465	503	480	429	491	416
212	1051	871	805	944	882	810	812	743
103	378	301	341	335	293	302	300	302
153	783	884	845	905	870	872	882	840
126 feux.	711 h.	816 h.	771 h.	796 h.	757 h.	762 h.	682 h.	695 h.
36	210	198	218	»	»	»	»	»

Cantons.	1700-1726.		1763.		1789.	
Cherves.................... (Avec Châtelars depuis 1850.)	» feux.	1079 h.	183 feux.	915 h.	220 feux.	1100 h.
Fleurignac.................. (Réunie à Taponnat en 1850.)	»	136	24	120	25 (?)	125
Lézignac-Durand.............	»	538	90	450	180	900
Le Lindois.................	»	900	»	»	198	990
Massignac (avec Sauvagnac)...	»	630	»	»	151	755
Mazerolles.................	»	680	131	655	150	750
Mouzon....................	»	305	»	»	81	405
Roussines..................	»	974	»	»	247	1235
Sauvagnac.................	»	580	»	»	»	200 (?)
Taponnat. .... (Avec Fleurignac depuis 1850.)	»	453	72	360	80	400
Verneuil...................	»	335	»	»	41	205
ARRONDISSEMENT ACTUEL DE RUFFEC.						
CANTON D'AIGRE.						
Bessé-Gragenne.............	» feux.	223 h.	» feux.	» h.	55 feux.	275 h.
Charmé....................	»	879	»	»	200 (?)	1000
Ébréon....................	»	361	»	»	100	500
Ligné.....................	»	434	»	»	119	595
Luxé, La Terne.............	»	543	»	»	182	910
CANTON DE MANSLE.						
Amant-de-Bonnieure (Saint-)..	» feux.	466 h.	144 feux.	720 h.	180 feux.	900 h.
Angeau (Saint-).............	»	245	64	320	120	600

1817.		1830.	1840.	1850.	1860.	1870.	1880.	1887.
226 feux.	1005 h.	1267 h.	1377 h.	1689 h.	1596 h.	1485 h.	1395 h.	1417 h.
38	144	192	213	»	»	»	»	»
142	1012	1069	1076	1082	1080	1036	987	1017
172	811	896	976	1065	1014	1021	963	1081
180	1062	1220	1165	1266	1286	1266	1224	1371
149	757	785	971	1004	945	945	864	901
94	576	591	602	654	630	603	541	541
210	911	953	1201	1126	1233	1102	1127	1138
20	209	230	205	213	202	197	227	238
126	556	561	686	1013	932	914	891	948
52	246	450	308	335	342	332	337	323
73 feux.	386 h.	418 h.	403 h.	413 h.	413 h.	405 h.	429 h.	380 h.
228	961	1018	1158	1076	1025	1015	929	796
70	474	500	526	556	554	483	447	428
151	627	614	597	593	544	526	522	449
172	694	957	893	909	824	898	972	907
228 feux.	835 h.	841 h.	861 h.	857 h.	860 h.	801 h.	705 h.	693 h.
177	686	691	786	839	846	860	823	792

Cantons.	1700-1726.		1763.		1789.	
Aunac......................	» feux.	316 h.	» feux.	» h.	73 feux.	365 h.
Bayers.....................	»	350	»	»	97	485
Cellefrouin (avec La Tâche)....	»	1227	»	»	360	1800
Cellettes...................	»	287	»	»	82	410
Ciers (Saint-)............	»	434	82	410	140	700
Chenommet.	»	224	»	»	70	350
Chenon.....................	»	269	»	»	»	500 (?)
Colombe (Sainte-)............	»	272	80	400	96	450
Fontclaireau................	»	»	»	»	108	540
Fontenille..................	»	92	»	»	24	120
Groux (Saint-)...............	»	»	»	»	»	»
Front (Saint-)..........	»	725	132	660	146	730
Juillé......................	»	522	128	640	128	640
Lichères...................	»	138	»	»	34	170
Lonnes....................	»	455	»	»	140	700
Mansle....................	»	788	»	»	258	1290
Moutonneau................	»	250	»	»	60	300
Puyréaux..................	»	389	»	»	100	500
Tâche (La)................	»	»	»	»	»	260 (?)
Valence...................	»	340	72	360	70	350
Ventouse....	»	290	»	»	60	300
Villognon..................	»	346	»	»	115	575

	1817.	1830.	1840.	1850.	1860.	1870.	1880.	1887.
109 feux.	332 h.	313 h.	441 h.	506 h.	537 h.	464 h.	503 h.	579 h.
124	392	454	455	458	382	406	360	343
454	1934	2018	2069	2117	2008	1821	1805	1720
129	444	425	475	455	480	508	551	517
160	366	703	702	703	701	678	547	577
97	350	379	435	420	502	468	443	303
133	521	560	507	575	505	501	407	398
120	519	428	528	494	485	516	501	433
162	579	590	589	606	617	555	552	477
29	125	126	740	796	738	669	608	538
»	»	812	210	209	»	»	207	»
238	708	708	859	869	808	739	760	701
207	768	800	811	790	668	666	629	518
48	207	234	309	308	234	228	208	190
143	492	509	497	536	469	425	383	368
506	1254	1626	1857	1968	1860	1900	1823	1721
85	316	276	262	255	225	213	220	219
138	450	510	537	514	510	521	549	503
73	262	323	318	319	349	321	338	311
111	389	450	502	507	527	497	484	457
93	322	399	408	441	391	327	341	336
162	539	475	641	599	592	570	530	445

Cantons.	1700-1726.		1763.		1789.	
CANTON DE RUFFEC.						
Adjots (Les)..................	» feux.	579 h.	» feux.	» h.	150 feux.	750 h.
Barro.......................	»	270	»	»	70	350
Bioussac...................	»	422	»	»	100	500
Condac.....................	»	594	»	»	60	300
Couture....................	»	449	»	»	180	900
Georges (Saint-).............	»	100	»	»	21	105
Gervais (Saint-).............	»	640	»	»	120	600
Gourçon (St-) (avec St-Sulpice).	»	816	118	590	150	750
Messeux....................	»	184	»	»	80	400
Moutardon..................	»	365	»	»	100	500
Nanteuil...................	»	1081	»	»	175	875
Pougné....................	»	316	»	»	»	430 (?)
Poursac...................	»	560	»	»	175	875
Ruffec....................	400 (En 1726, 1336 h.)	1800	»	»	»	2000 (?)
Taizé-Aizie...............	»	368	»	»	70	350
Saint-Sulpice et Chenon.......	»	190	»	»	»	190 (?)
Verteuil..................	350 (En 1726, 1400 h.)	1400	»	»	272	1360
Villegats.................	»	274	»	»	120	600
Vieux-Ruffec..............	»	300	»	»	45	222

1817.		1830.	1840.	1850.	1860.	1870.	1880.	1887.
120 feux.	646 h.	749 h.	821 h.	864 h.	879 h.	781 h.	727 h.	690 h.
85	537	423	548	534	535	453	439	454
95	467	513	595	630	658	598	600	573
103	519	517	472	499	496	449	390	411
142	600	600	728	750	708	680	568	544
28	133	140	123	132	158	144	135	135
120	696	722	723	761	715	741	645	645
107	502	486	630	649	536	525	529	521
110	467	506	575	530	511	494	446	442
145	664	767	667	718	677	639	610	636
218	1105	1307	1379	1463	1328	1275	1162	1162
76	437	511	437	469	472	406	390	364
140	575	648	669	654	681	640	628	621
432	2197	2526	2977	3074	3109	3175	3385	3589
80	698	824	809	844	927	724	707	704
43	193	206	282	242	210	227	174	161
300	1311	1238	1367	1339	1277	1193	1104	1094
106	452	513	461	524	433	394	382	355
68	347	299	365	404	391	379	322	345

Cantons.	1700-1726.		1763.		1789.	
CANTON DE VILLEFAGNAN.						
Bernac.....................	» feux.	349 h.	» feux.	» h.	100 f. (?)	500 h.
Brettes...................	»	402	»	»	90	450
Chèvrerie (La).............	»	318	»	»	60	300
Embourie..................	»	180	»	»	74	370
Empuré...................	»	226	»	»	60	300
Faye (La).................	»	452	»	»	215	1075
Forêt-de-Tessé (La)..........	»	810	»	»	146	730
Londigny..................	»	225	»	»	109	545
Longré...................	»	419	»	»	120	600
Magdeleine (La).............	»	408	»	»	104	520
Martin (Saint-).............	»	304	»	»	72	360
Montjean..................	»	454	»	»	121	605
Paizay-Naudouin.............	»	528	»	»	100 (?)	500
Raix.....................	»	452	»	»	100 (?)	500
Salles-Touchimbert..........	»	906	»	»	186	930
Souvigné..................	»	720	»	»	202	1010
Theil-Rabier...............	»	350	»	»	80	400
Tuzie....................	»	364	»	»	60 (?)	300
Villefagnan................	»	1360	»	»	400 (?)	2000
Villiers-Leroux.............	» »	407	»	»	100	500

1817.	1830.	1840.	1850.	1860.	1870.	1880.	1887.
107 feux.	439 h.	467 h.	573 h.	546 h.	544 h.	564 h.	501 h.	470 h.
134	468	475	619	590	600	542	465	429
81	316	338	331	326	347	309	307	301
69	297	326	234	319	291	294	233	268
70	326	332	350	338	318	294	289	292
204	770	916	993	864	797	749	794	771
215	819	911	904	860	808	705	646	629
136	464	579	648	647	642	552	567	504
122	661	615	671	642	686	645	660	554
96	509	450	402	457	454	439	379	383
67	326	341	357	337	372	362	297	328
140	663	641	688	700	686	634	571	526
200	778	782	887	951	901	811	747	783
110	418	501	448	480	433	382	349	369
205	786	917	950	902	834	748	755	704
111	534	570	681	678	630	615	601	525
103	489	495	527	593	509	476	399	402
68	293	393	301	321	293	249	244	199
416	1392	1594	1668	1592	1544	1525	1520	1550
80	370	412	429	450	493	374	374	358

Paroisses rattachées à la Charente.		1817.	
Mouthiers (Blanzac).........	Saintonge.............	200 feux.	1161 h.
Eymoutiers (Montbron)......	Périgord.............	159	676
Feuillade (Montbron)........	Périgord en partie, l'autre en Angoumois.	163	707
Souffrignac (Montbron)......	Périgord (idem)........	71	347
Anville (Rouillac)...........	Poitou (?).............	100	447
Auge (Rouillac).............	Poitou (?).............	140	708
Bonneville (Rouillac)........	Poitou ou Saintonge.....	105	471
Gourville (Rouillac).........	Poitou ou Saintonge.....	234	1119
Herpes (Rouillac)...........	Poitou ou Saintonge.....	55	282
Marcillac-Lanville (Rouillac)...	Poitou................	300	1402
Saint-Médard (Rouillac)......	Poitou ou Saintonge.....	97	432
Mons (Rouillac).............	Poitou ou Saintonge.....	100	525
Montigné (Rouillac)..........	Poitou ou Saintonge.....	74	297
ARRONDISSEMENT DE BARBEZIEUX.			
Baignes (Baignes)...........	Saintonge.............	110 feux.	391 h.
Condéon (Baignes)..........	Saintonge.............	393	1138
Lamérac (Baignes)..........	Saintonge.............	139	544
Reignac (Baignes)..........	Saintonge.............	280	1273
Saint-Aulais (Barbezieux)..... (Avec Conzac.)	Saintonge.............	51	187

D.

CHARENTE EN 1790-1791.

1830.	1840.	1850.	1860.	1870.	1880.	1887.
» h.	» h.	» h.	1608 h.	1540 h.	1544 h.	1511 h.
»	»	»	612	590	530	531
»	»	»	908	767	723	719
»	»	»	379	375	341	321
»	»	»	443	443	431	»
»	»	»	702	642	660	»
»	»	»	510	483	452	»
»	»	»	1140	1209	1083	»
»	»	»	»	»	»	»
»	»	»	1402	1450	1435	»
»	»	»	490	450	445	»
»	»	»	621	604	557	»
»	»	»	368	344	350	»
447 h.	338 h.	364 h.	2541 h.	2417 h.	2227 h.	2122 h.
1268	1303	1291	1200	1180	1044	1009
567	535	521	510	436	390	353
1203	1272	1320	1221	1125	1004	1003
211	201	705	629	606	506	458

Paroisses rattachées à la Charente.		1817.	
Barbezieux (Barbezieux)......	Marquisat en Saintonge..	805 feux.	2452 l
Barret (Barbezieux)..........	Saintonge.............	346	1168
Berneuil (Barbezieux)........	Saintonge.............	174	797
Brie (Barbezieux)...........	Saintonge.............	66	306
Challignac (Barbezieux).......	Saintonge.............	200	709
La Chaise (Barbezieux).......	Saintonge.............	195	670
La Chapelle (Barbezieux).....	Saintonge.............	73	203
La Garde (Barbezieux)........	Saintonge.............	93	315
Guimps (Barbezieux)........	Saintonge.............	297	1143
Saint–Hilaire (Barbezieux)....	Saintonge.............	117	339
Saint–Médard (Barbezieux)....	Saintonge.............	110	439
Montchaude (Barbezieux).....	Saintonge.............	341	1047
Salles (Barbezieux)..........	Saintonge.............	145	484
Brossac (Brossac)..........	Saintonge.............	138	806
Chatignac (Brossac).... ..... (Avec Saint-Cyprien.)	Saintonge....	54	392
Chillac (Brossac)...	Saintonge.............	110	521
Saint–Cyprien (Brossac)......	Saintonge.............	22	16
Saint–Félix (Brossac)........	Saintonge.............	94	490
Guizengeard (Brossac).......	Saintonge.............	80	364
Saint–Laurent (Brossac)	Saintonge.............	51	352
Oriolles (Brossac)...........	Saintonge.............	61	311
Passirac (Brossac)...........	Saintonge.............	93	475
Sainte-Souline (Brossac)......	Saintonge.............	48	372

1830.	1840.	1850.	1860.	1870.	1880.	1887.
3061 h.	3335 h.	3514 h.	3700 h.	3881 h.	4007 h.	4090 h.
1242	1247	1343	1302	1257	1142	970
1010	1008	1010	961	841	775	748
310	312	324	302	255	243	230
760	755	754	726	617	584	592
729	706	712	685	663	609	504
243	275	»	»	»	»	»
328	389	375	371	325	310	271
1099	897	1098	1060	1007	946	815
373	426	418	464	467	410	411
464	490	468	452	454	399	359
1000	909	862	850	817	745	673
533	1176	582	535	505	450	377
1073	1154	1164	1200	1136	1132	1111
645	526	578	490	451	400	422
515	592	619	561	536	516	474
»	»	»	»	»	»	»
471	464	477	414	410	368	321
386	418	407	412	386	355	376
359	376	345	348	312	329	296
383	460	481	512	450	446	444
626	651	662	660	634	603	567
403	366	360	360	360	324	280

Paroisses rattachées à la Charente.		1817.	
Saint-Vallier (Brossac)........	Saintonge.............	60 feux.	345 h.
Sauvignac (Brossac).........	Saintonge.............	42	169
Saint—Avit (Chalais).........	Saintonge.............	73	203
Bardenac (Chalais)..........	Saintonge.............	105	330
Bazac (Chalais).............	Saintonge.............	85	369
Brie (Chalais)..............	Saintonge.............	118	537
Chalais (Chalais)............	Principauté en Saintonge.	102	468
Curac (Chalais).............	Saintonge.............	72	301
Sainte—Marie (Chalais).......	Saintonge.............	95	399
Médillac (Chalais)...........	Saintonge.............	67	287
Montboyer (Chalais).........	Saintonge.............	242	1407
Rioux—Martin (Chalais).......	Saintonge.............	150	660
Pérignac (Chalais)..........	Saintonge.............	55	226
Yviers (Chalais)	Saintonge.............	144	849
Poullignac (Montmoreau).....	Saintonge.............	76	284
Julienne (Jarnac)............	Saintonge (?)..........	106	462
ARRONDISSEMENT DE CONFOLENS.			
Plouville (Confolens Nord)....	Limousin.............	137 feux.	773 h.
Abzac (Confolens Sud).......	Limousin.............	186	1126
Brigueuil (Confolens Sud)....	Limousin.............	225	2152
Brillac (Confolens Sud).......	Limousin.............	288	1507
St-Germain (Confolens Sud)...	Limousin.............	95	350

1830.	1840.	1850.	1860.	1870.	1880.	1887.
611 h.	586 h.	586 h.	574 h.	552 h.	517 h.	520 h.
223	236	264	246	220	253	262
287	309	354	320	295	307	254
463	464	510	450	447	436	386
376	400	433	427	452	452	448
561	546	545	530	486	420	430
476	616	613	703	740	831	902
365	366	350	364	322	293	251
479	482	488	492	461	409	441
272	304	332	346	325	277	252
1464	1479	1426	1521	1428	1284	1200
750	809	760	719	690	612	591
264	259	285	304	331	286	275
1207	1154	1182	1138	1145	984	979
303	301	310	293	300	255	247
434	439	433	440	413	407	353
801 h.	947 h.	1020 h.	1045 h.	1021 h.	1045 h.	1126 h.
1219	1235	1261	1238	1201	1177	1316
2208	2071	2050	1986	1892	1877	1990
1354	1620	1680	1638	1573	1636	1600
385	385	355	360	321	323	369

Paroisses rattachées à la Charente.		1817.	
Montrollet (Confolens Sud)....	Limousin..............	127 feux.	865 h
Oradour (Confolens Sud)......	Limousin..............	150	952
Alloue (Champagne-Mouton)...	Poitou..............	215	1347
Benest (Champagne-Mouton)..	Poitou..............	180	1378
Le Bouchage (Ch.-Mouton)....	Poitou..............	110	671
Champagne (Ch.-Mouton)....	Baronnie du Poitou......	140	899
Chassiecq (Champ.-Mouton)..	Poitou..............	114	601
Saint-Coutant (Ch.-Mouton)...	Poitou..............	125	538
Turgon (Champagne-Mouton).	Poitou..............	115	334
Vieux-Cérier (Ch.-Mouton)....	Poitou..............	112	464
St-Laurent-de-Céris (St-Claud).	Limousin..............	234	1018
Grand-Madieu (Saint-Claud)..	Limousin..............	76	427
Petit-Madieu (Saint-Claud)...	Limousin..............	38	225
Nieuil (Saint-Claud)........	Limousin..............	267	1194
Parzac (Saint-Claud)........	Limousin..............	128	747
Les Pins (Saint-Claud).......	Limousin..............	166	585
Montembœuf (Montembœuf)...	Limousin..............	241	1161
Vitrac (Montembœuf)........ (Avec Saint-Vincent.)	Limousin..............	205	1120
ARRONDISSEMENT DE RUFFEC.			
Aigre (Aigre)...............	Poitou ou Saintonge.....	300 feux.	1383 h.
Barbezières (Aigre).........	Poitou ou Saintonge.....	88	370
Breuillaud (Aigre)..........	Poitou ou Saintonge.....	60	215

1830.	1840.	1850.	1860.	1870.	1880.	1887.
873 h.	757 h.	777 h.	738 h.	716 h.	748 h.	768 h.
926	910	914	894	856	885	911
1616	1647	1715	1601	1609	1586	1612
1395	1485	1524	1578	1443	1380	1327
472	473	498	530	586	498	569
966	1222	1268	1307	1224	1201	1268
758	665	633	650	607	621	594
577	640	666	648	586	572	645
322	340	325	362	323	300	276
579	543	575	570	499	476	485
1050	1299	1350	1380	1263	1315	1444
452	442	462	450	426	359	384
185	250	»	»	»	»	»
1359	1564	1612	1492	1337	1278	1437
802	749	716	671	631	615	580
1150	1120	1169	1136	936	917	911
1149	1201	1278	1258	1307	1306	1030
1183	1365	1419	1312	1224	1080	1189
1423 h.	1662 h.	1688 h.	1689 h.	1846 h.	1770 h.	1578
416	491	468	428	411	376	304
188	204	»	»	»	376	»

21

Paroisses rattachées à la Charente.		1817.	
Saint-Fraigne (Aigre)........	Saintonge.............	225 foux.	921
Fouqueure (Aigre)..........	Poitou.................	280	969
Les Gours (Aigre)..........	Poitou.................	54	306
Lupsault (Aigre)...........	Poitou.................	90	332
Oradour (Aigre)...........	Poitou.................	168	705
Ranville (Aigre)........... (Avec Breuillaud.)	Poitou.................	91	404
Tusson (Aigre)...........	Poitou.................	255	1041
Verdille (Aigre)...........	Poitou.................	210	930
Villejésus (Aigre)...........	Poitou.................	260	1156
Courcôme (Villefagnan).......	Poitou.................	»	»
Mouton (Mansle)...........	Poitou.................	162	512
Aizecq (Ruffec).............	Poitou.................	127	530

1830.	1840.	1850.	1860.	1870.	1880.	1887.
960 h.	1149 h.	1151 h.	1103 h.	1045 h.	919 h.	843 h.
1016	1062	1023	1030	975	915	831
305	262	280	262	264	219	219
382	404	401	381	386	349	263
773	861	863	784	780	718	641
453	434	607	654	631	569	496
1039	1035	1084	965	865	820	772
943	956	932	925	952	810	689
1268	1292	1256	1160	1113	1089	848
968	1018	1069	983	941	874	861
676	648	628	618	562	486	472
568	484	497	501	429	393	424

Tableau E.

COMMUNAUTÉS RATTACHÉES A D'AUTRES EN 1790, INDÉPENDANTES EN 1789.

Noms.	Situation actuelle.	Population en 1700.	Population en 1789.	Population en 1876.
Saint-Étienne de Montignac.	Montignac-Charente, canton de Saint-Amant.	26 h.	22 feux. 110 h.	(?) h.
Le Tapis.	Idem.	(?)	25 — 125	98
Hautefaye.	Édon, canton de Lavalette.	32	15 — 75	7
Lavaure.	Les Pins, canton de Saint-Claud.	227	63 — 315	60
Saint-Vincent.	Vitrac, canton de Montembœuf.	(?)	15 — 75	31
Saint-Martin-de-Bourianne.	Ambernac, canton de Confolens.	(?)	52 — 260	85
Grenordleau.	Chabanais, canton de Chabanais.	(?)	72 — 366	144
Lézignac-sur-Goire.	Saint-Maurice, canton de Confolens.	538	134 — 670	(?)
Châteaurenaud.	Fontenille, canton de Mansle.	52	» — 80	75
Massausier.	Verrières, canton de Segonzac.	(?)	30 — 150	(?)
Mirant.	Vouzan, canton de Lavalette.	183	50 — 250	110
Saint-Palais.	Lignières, canton de Segonzac.	(?)	39 — 195	»

Noms.	Situation actuelle.	Population en 1700.	Population en 1789.	Population en 1876.
Puypéroux	Aignes, canton de Blanzac	50 h.	» feux. 30 h.	34 h.
Négret	Saint-Claud, canton de Saint-Claud	»	74 / 370	»
Le Chambon	Saint-Maurice, canton de Confolens	107	29 / 145	»

COMMUNAUTÉS DÉTACHÉES DE L'ANGOUMOIS EN 1790.

Noms.	Situation actuelle.	Population en 1700.	Population en 1789.	Population en 1876.
Dompierre	Canton de Burie, arrondissement de Saintes.	450 h.	» feux. 500 (?)	617 h.
Burie	Canton, arrondissement de Saintes	1404	1500 (?)	1634
Salignac	Pérignac, canton de Pons, arrondissement de Jonzac Saintes	305	300 (?)	375
Villars-les-Bois	Burie, arrondissement de Saintes	406	500 (?)	545
Roumette	Commune de Saint-Bris, canton de Burie.	»	100 (?)	»
Sainte-Aulaye	Canton, arrondissement de Ribérac (Dordogne).	1210	2050	1451
Saint-Michel	Commune de Sainte-Aulaye		410	

Noms.	Situation actuelle.	Population en 1700.	Population en 1789.	Population en 1876.
La Tour-Blanche	Commune, canton de Verteillac, arrondissement de Ribérac.	317 h.	100 f. (?) 500 h.	527 h.
Petit-Champagne	Commune de Verteillac, arrondissement de Ribérac.	287	100 (?) 500	1246
Cercles	Canton de Verteillac, arrondissement de Ribérac.	910	185 925	720
La Chapelle-Montabourlet	Commune de Cercles, arrondissement de Ribérac.	»	164 820	300 (?)
Bouin	Canton de Chef-Boutonne, arrondissement de Ribérac.	318	60 300	359
Hanc	Idem (Deux-Sèvres).	315	60 300	684
Pioussay	Idem.	944	200 1000	986
Montalembert	Canton de Sauzé-Vaussais, arrondissement de Melle.	»	160 800	817
Narsé	Canton de Chef-Boutonne, arrondissement de Melle.	886	100 500	111
Queue-d'Ajasse	Commune de Lorigné, canton de Sauzé-Vaussais.	»	32 160	203
Chenaux	Canton de Sainte-Aulaye, arrondissement de Ribérac.	944	150 750	703
Puymangou	Idem.	»	} 750	221
Saint-Vincent-d'Aulaye	Idem.	428	100 500	324
Vanzac	Canton de Montendre, arrondissement de Jonzac (Charente-Inférieure).	606	180 900	458

Noms.	Situation actuelle.	Population en 1700.	1789.	1876.
Bran	Canton de Montendre, arrondissement de Jonzac (Charente-Inférieure).	507 h.	140 feux. 700 h.	361 h.
Mortiers	Canton et arrondissement de Jonzac...	1270	156 780	483
Mérignac	Canton de Montlieu, arrondissement de Jonzac.	533	100 500	425
Puychebrun	Idem	733	109 545	(?)
Pouillac	Idem	1274	140 700	475
Chaux	Commune de Chevanceau, canton de Montlieu.	2249	» 2000 (?)	(?)
Chevanceau	Canton de Montlieu.	(?)	220 1200	1403
Le Vivier-Joussand	Canton d'Aulnay, arrondissement de Saint-Jean-d'Angély.	320	90 450	50
Les Vestizons ?	Commune de Petit-Bersac, arrondissement de Ribérac (?).	(?)	» »	»

Tableau F.

III. — RELEVÉ RÉTROSPECTIF DE LA POPULATION PAR ARRONDISSEMENTS.

	1789.	1801.	1806.	1821.	1826.	1831.	1836.	1841.
Angoulême............	100583	115545	119938	124595	126735	128391	130456	132323
Barbezieux............	27207	52000	51279	55837	56695	58042	55532	55077
Cognac............	44144	46579	44967	47545	48131	50131	51647	52301
Confolens............	32756	61424	60525	64262	65248	67222	68583	68511
Ruffec............	37654	51176	51243	55302	58844	58745	58908	58681
POPULATION TOTALE du département......	261188	331203	327052	347541	353653	362531	365126	367893

	1846.	1851.	1856.	1861.	1866.	1872.	1876.	1881.	1886.
Angoulême	136653	137696	135678	138944	137983	134106	139097	140109	139093
Barbezieux	57395	56557	56166	55042	53926	50834	50304	49905	47912
Cognac	54929	57959	60104	63564	65778	67261	67329	61705	61190
Confolens	70846	71440	69059	65735	68	63392	65296	67685	68984
Ruffec	59208	59260	57114	55796	54563	51927	51924	51418	49229
POPULATION TOTALE du département	379031	382912	378721	379081	378218	367520	373350	370822	366408

22

IV. — POPULATION DES CANTONS, r

ARRONDISSEMENT D'ANGOULÊME.	En 1789.	1817.	1830.
Angoulême (1er canton)....	19435 h............	21172 h.	» h.
Angoulême (2e canton)....	14750.............	13175	»
Saint-Amant-de-Boixe....	10205.............	10610	»
Hiersac................	10620.............	10094	»
Blanzac................	9775 (moins Mouthiers)..	11147	»
Montbron..............	9085 (moins 3 communes).	11757	»
La Rochefoucauld........	14050.............	14237	»
Rouillac...............	9285 (moins 8 communes).	13559	»
Lavalette..............	14553.............	13120	»
TOTAL......	111758 ou 100583 h. (1)	118871	124595
ARRONDISSEMENT DE BARBEZIEUX.			
Aubeterre..............	9325 h............	8296 h.	» h.
Baignes...............	6460 (moins 4 communes).	7414	»
Barbezieux.............	1785 (moins 14 communes)	19843	»
Brossac...............	300 (moins 12 communes)	5052	»
Chalais...............	2085 (moins 12 communes)	7830	»
Montmoreau...........	10270 (moins 4 communes).	9993	»
TOTAL........	30225 ou 27207 h.	58428	55837

(1) Suivant que le chiffre des feux est multiplié par 5 ou par 4,5, le premier total indique le résultat de la multiplication par 5, et le second le résultat de la multiplication par 4,5.

G.

ARRONDISSEMENTS ET DU DÉPARTEMENT.

1841.	1850.	1860.	1870.	1880.	1887.
41414 h.	19373 h.	20422 h.	21156 h.	23148 h.	24162 h.
	24240	25498	28070	31986	37974
12052	12293	11619	11635	11394	9996
10045	10414	10295	10484	9794	8276
11118	11362	10984	10900	10236	9219
12696	13000	12693	12437	11946	12068
15994	16538	15455	15245	14503	14713
14749	15075	14832	15110	14217	11818
14255	14358	13880	12946	11873	10867
132323	136653	135678	137983	139097	139093
8595 h.	8587 h.	8191 h.	7900 h.	7300 h.	7050 h.
7874	8183	7927	7484	6799	6563
14281	14805	14692	14252	13392	12411
6142	6318	6114	5787	5562	5380
9066	9220	9332	9099	8417	8270
10118	10282	10010	9404	8834	8238
56076	57395	56266	53926	50304	47912

	En 1789.	1817.	1830.
ARRONDISSEMENT DE COGNAC.			
Châteauneuf..............	11470 h.............	10491 h.	» l
Cognac.................	11978..............	12134	»
Jarnac..................	12510 (moins 1 commune).	10384	»
Segonzac...............	13090.............	11958	»
TOTAL.......	49048 ou 44144 h.	44967	47045
ARRONDISSEMENT DE CONFOLENS.			
Confolens...............	11100 (moins 7 communes).	19651 h.	» l
Chabanais...............	8570.............	11234	»
Saint–Claud.............	8505 (moins 6 communes).	12889	»
Montembœuf............	8220 (moins 2 communes).	10491	»
Champagne-Mouton.......	(N'appartenait pas à l'Angoumois).	6232	»
TOTAL.......	36395 ou 32756 h.	60497	64242
ARRONDISSEMENT DE RUFFEC.			
Aigre...................	3280 (moins 12 communes)	11874 h.	» h
Mansle.................	13835.............	14316	»
Ruffec.................	12587.............	13076	»
Villefagnan.............	12135 (moins 1 commune).	11977	»
TOTAL......	41837 ou 37654 h.	51243	55302
POPULATION TOTALE.......	290278 ou 261188 h.	326885 h.	347541 h

1841.	1850.	1860.	1870.	1880.	1887.
10603 h.	11295 h.	11611 h.	11795 h.	11473	9664 h.
15885	16860	20228	24060	26506	25968
11820	12399	13344	14205	14252	12850
13993	14375	14921	15718	15098	12790
52301	54929	60104	65778	67329	61272
21256 h.	21809 h.	21631 h.	20406 h.	20767 h.	21926 h.
12803	13240	13227	12677	12461	13363
15032	15473	14968	13814	13860	14742
12385	12940	12587	12194	11624	12189
7035	7204	7246	6877	6584	6764
68511	70666	69659	65968	65296	68984
13369 h.	13300 h.	12741 h.	12593 h.	11853 h.	10384 h.
16457	16769	16120	15412	14763	13752
15092	15577	15194	14346	13736	13870
13763	13562	13059	12210	11572	11216
58681	59208	57114	54561	51924	49222
367893 h.	379031 h.	378721 h.	378218 h.	373950 h.	366408 h.

V. — TABLEAU DES NAISSANCES, MARIAGES ET DÉCÈS DE LA CHARENTE.

Années.	Naissances.	Mariages.	Décès.
1789	9000	2300	8500
1802	10004	1826	10350
1806	10300	2867	9052
1826	9692	2643	8827
1827	9187	2741	7179
1828	9573	2805	9896
1829	9464	2841	7042
1830	9278	2921	7513
1831	8805	2517	9462
1832	8811	2715	8349
1833	9438	3065	8500
1834	9034	2943	11477
1835	9296	3063	8209
1836	9907	3180	6882
1837	8240	2674	7980
1838	8549	2763	8185
1839	8181	2756	7087
1840	8758	3044	6970
1841	7325	2747	6622
1842	8301	»	7199
1843	9141	»	7261

Années.	Naissances.	Mariages.	Décès.
1844	8633	2825	6601
1845	8679	»	7089
1846	9015	»	8018
1847	8239	»	7656
1848	8808	»	7220
1849	9246	»	8451
1850	8506	»	6713
1851	8902	»	7453
1852	8834	»	8604
1853	8989	»	7118
1854	9134	»	8234
1855	8358	»	11179
1856	8751	»	8160
1857	8500	»	8087
1858	8498	»	8057
1859	8615	»	11109
1860	8072	»	7630
1861	8442	»	8747
1862	8385	»	7239
1863	8191	»	7253
1864	8315	»	7107
1865	8056	»	8948
1866	7910	»	8065

Années.	Naissances.	Mariages.	Décès.
1867	8828	»	8597
1868	8305	»	8439
1869	8728	»	9105
1870	8357	»	13952
1871	7026	»	7349
1872	9404	»	9162
1873	8470	»	7244
1874	8631	»	8556
1875	8547	»	8356
1876	8686	3222	8167
1877	8558	»	7402
1878	8443	»	7540
1879	8429	»	7708
1880	7856	»	8202
1881	7824	»	7217
1882	8245	»	7859
1883	7939	2972	7879
1884	7486	2600	7531

D'après les calculs de l'auteur (chiffres de 1789), de Quénot, des *Annuaires statistiques de la France*, 1881, p. 41-51; 1886, p. 61; 1887, p. 85, et des *Annuaires départementaux*.

MARIAGES.

Années.	Mariages.	Années.	Mariages.
1803–1804	2744	1823	2696
1804–1805	2818	1824	2355
1805 (100 j.)	587	1825	2526
1806	2867	1826	2643
1807	2610	1827	2741
1808	2636	1828	2805
1809	2555	1829	2841
1810	2702	1830	2921
1811	2267	1831	2517
1812	2216	1832	2715
1813	4126	1833	3065
1814	2331	1834	2943
1815	3841	1835	3063
1816	3707	1836	3180
1817	2305	1837	2674
1818	2284	1838	2763
1819	2346	1839	2756
1820	2112	1840	3044
1821	2236	1841	2747
1822	2345		

FIN.

TABLE DES MATIÈRES

—•᷍᷍᷍•—

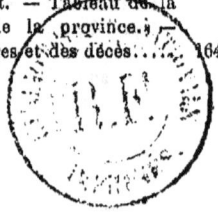

FIN DE LA TABLE.

BIBLIOTHEQUE NATIONALE

SERVICE DES NOUVEAUX SUPPORTS

58, rue de Richelieu, 75084 PARIS CEDEX 02 Téléphone 266 62 62

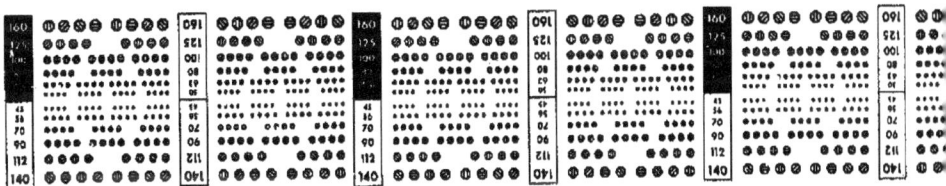

Achevé de micrographier le : 21 / 12 / 1976

Défauts constatés sur le document original

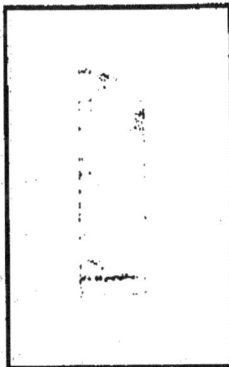

Contraste insuffisant ou
différent, mauvaise qualité
d'impression

Undercontrast or different,
bad printing quality

www.ingramcontent.com/pod-product-compliance
Lightning Source LLC
Chambersburg PA
CBHW072038090426
42733CB00032B/1871